教師教育テキストシリーズ 9

教育課程 第二版

山﨑 準二 編

学文社

■執筆者■

三輪	定宣	千葉大学（名誉教授）	[序]
＊山﨑	準二	学習院大学	[第1章，2章]
藤本	典裕	東洋大学	[第3章]
山崎	雄介	群馬大学	[第4章]
菅野	文彦	静岡大学	[第5章]
金馬	国晴	横浜国立大学	[第6章]
成松	美枝	聖隷クリストファー大学	[第7章1]
二宮	衆一	和歌山大学	[第7章2]
榊原	禎宏	京都教育大学	[第7章3]
佐藤	隆	都留文科大学	[第7章4]
國分	麻里	筑波大学	[第7章5]
森脇	健夫	三重大学	[第8章1]
堀内	かおる	横浜国立大学	[第8章2]
木塚	雅貴	京都府立医科大学大学院	[第8章3]
赤羽	潔	山口県立大学（名誉教授）	[第8章4]
百々	康治	至学館大学	[第8章5]

（執筆順／＊印は第9巻編者）

まえがき

　本書を手に取られている読者の多くは，教育職員免許状取得をめざし教職課程を履修している学生・社会人の方々であろう。同免許状取得のためには，いわゆる教職関連諸科目の履修が課せられ，それは「教育職員免許法施行規則」によって履修領域と取得単位数が定められている。その履修領域と取得単位を示した表中に「教育課程及び指導法に関する科目」欄があり，幼・小・中・高校教諭の普通免許状を取得する場合には校種にかかわらず「教育課程の意義及び編成の方法」事項の学習が課せられている（特別支援学校教諭・養護教諭・栄養教諭の場合もほぼ同様である）。

　本書「教育課程」は，直接的には上述のような免許状取得のための諸規則に対応して，学校の教育課程の全体構造に関する理解を深めるための知識を提供する。しかし，そのことはただ単に現行の教育課程構造に基づいて具体的な実践を展開できる力量の形成をめざすだけではない。教師一人ひとりが，担当する幼児・児童・生徒の実態や地域・社会の実態に即して，学校・学年・学級の各レベルでの教育課程を主体的に編成する力量の形成をめざし，原理的・歴史的・比較的・現代課題的な視点からの認識形成を意図している。

　たとえば，私たちは，これまでの学校生活でさまざまな用語を使って会話をしてきている。児童・生徒の立場では「カリキュラム」「教科」「学級会・ホームルーム」「日課表」等々。そして教師の立場では「年間指導計画」「単元」「週案」「生活指導・生徒指導」「特別活動」等々。「教育課程」に関係する用語をあげだしたらきりがないくらい多い。さらにそのそれぞれの歴史を振り返ると，現行のものとは違った姿が見えてくるし，「教科」も，けっして現行のものがずっと続いて今にいたってきているわけではないこともわかる。

　新たな世紀を迎え，教育界も大きな変化の波が幾重にも押し寄せてきている。本書の取り扱う「教育課程」領域に限っても，国内外の学力・教育調査の結果と「学力」をめぐる広範な論議，それらを受けての新しい学習指導要領の改訂，

また「教育課程」実践を担う学校教員の資質能力やその養成・研修にかかわる新しい政策的提起など目白押しである。そしてそれらの背景には，第二次世界大戦後日本の教育を根底で支えてきた教育基本法の「改正」とそれにともなう学校教育法等の「改正」があることはいうまでもない。私たちは，いま，これからの学校教育のあり方を根源から問い直す時期を迎えているともいえるのである。

　以上のような問題意識を自覚しながら，第1章と第2章では教育課程の現代的課題を整理するとともに，根本に立ち返りながら理論的概念的な考察を行っている。第3章と第4章では，教育課程を執り行っていくうえでの基盤を成す「法と行政」や「経営と評価」について論究し，第5章および第6章では，今日の教育課程のあり方を歴史的な視野のもとで考えることができるように欧米や戦後日本の教育課程論とその実践について論究している。そして第7章では，近年の「学力」論議のなかで取り上げられることの多い諸国（アメリカ，イギリス，ドイツ，フィンランド，韓国）の教育の制度と課程について論究している。最後の第8章では，新しい学習指導要領での提起を意識して，今後の教育課程編成上の諸課題（総合的な学習，ジェンダー，小学校英語教育（「外国語活動」），インクルージョン（インクルーシヴ教育），幼小など学校種接続問題）について論究している。

　多くの方々が，今後の新しい教育課程を創造していく力量を獲得するために今日の学校における個々の教育課程編成課題の理解を深めるとともに，それだけにとどまらず学習指導要領等の既存の枠組みを越えて，これからの新しい教育課程のあり方をより根源的に問い直し，創造していく手がかりを，本書のなかから読み取っていただければ幸いである。(2009年3月)

　本書刊行以来10年近くが経ち，その間の，社会および学校教育をめぐる状況の新たな変化や，教育職員免許法施行規則の改正(2017年)および学習指導要領の改訂(2017・18年)などの制度改正に対応し，記述内容を加筆修正して「第二版」を刊行することにした。引き続き多くの方々に学習の手引きとして活用されることを願っている。(2018年3月)

第9巻編者　山﨑　準二

目　次

まえがき　1

序　教師と教育学 ──────────────────── 7

第１章　教師と教育課程論 ───────────── 15

　　1　教育課程の現代的課題　15
　　2　教育課程編成の課題　18

第２章　教育課程の概念と構造 ─────────── 21

　　1　「教育課程」とは何か　21
　　2　編成の原理と類型　25
　　3　学習指導要領における基本構造　32

第３章　教育課程の法と行政 ──────────── 39

　　1　教育課程編成に関する法体系　39
　　2　教育課程行政　42
　　3　教科書の検定・採択・使用　45
　　4　学校での教育課程管理・運営　50

第４章　教育課程の経営と評価 ─────────── 54

　　1　「教育課程経営」から「カリキュラム・マネジメント」へ　54
　　2　「学校評価」型カリキュラム・マネジメントの流れ　57
　　3　学校評価型カリキュラム・マネジメントの課題　61
　　4　教育改革の動向とカリキュラム・マネジメント　63

第5章　欧米社会における教育課程の系譜 ―――― 70

1　近代以前の教育課程　70

2　近代の学校教育と教育課程（論）　74

3　「新教育」と現代の教育課程（論）　78

第6章　現代日本における教育課程の変遷 ―――― 85

1　試案としての学習指導要領と経験主義　85

2　戦後新教育の"教育課程"
　　――各校のコア・カリキュラム，三層四領域ほか　87

3　新教育批判と系統学習論，および指導要領の「法的拘束力」　88

4　新教育と学習指導要領を批判する民間側・組合の運動　90

5　民間側と文部省の2つの「現代化」――能力主義をめぐって　91

6　民間側での「生活」と地域の再重視――『教育課程改革試案』　93

7　大綱化・弾力化・「ゆとり」へ――「現代化」指導要領の見直し　95

8　民間側と文部省・教育委員会の実践研究上の相互浸透
　　――習得－活用－探究　97

第7章　諸外国における教育課程の現状 ―――― 101

1　アメリカ　101

2　イギリス　107

3　ドイツ　115

4　フィンランド　125

5　韓　国　133

第8章 教育課程をめぐる諸問題 ――――――――――143

  1 総合的な学習と教育課程（生活科問題も含む） 143

  2 ジェンダーと教育課程 149

  3 小学校英語教育と教育課程 155

  4 インクルーシヴ教育と教育課程 162

  5 学校種間接続問題と教育課程 170

資料編 ――――――――――178

  教育基本法（新旧対照表），学校教育法（抄），学習指導要領の変遷，
  小・中・高校の各教科等及び授業時数表，教科書検定の手続き，
  義務教育諸学校用教科書の採択の仕組み

索　引 ――――――――――194

序　教師と教育学

1　本シリーズの特徴

　この「教師教育テキストシリーズ」は，教師に必要とされる教職教養・教育学の基本知識を確実に理解することを主眼に，大学の教職課程のテキストとして刊行される。

　編集の基調は，教師教育学（研究）を基礎に，各分野の教育学（教育諸科学）の蓄積・成果を教師教育（養成・採用・研修等）のテキストに生かそうとしたことである。その方針のもとに，各巻の編集責任者が，教育学各分野と教師・教職との関係を論じた論稿を執筆し，また，読者の立場から，全巻を通じて次のような観点を考慮した。

　① 教育学テキストとして必要な基本的・体系的知識が修得できる。
　② 教育諸科学の研究成果が踏まえられ，その研究関心に応える。
　③ 教職の責任・困難・複雑さに応え，専門職性の確立に寄与する。
　④ 教職，教育実践にとっての教育学の重要性，有用性が理解できる。
　⑤ 事例，トピック，問題など，具体的な実践や事実が述べられる。
　⑥ 教育における人間像，人間性・人格の考察を深める。
　⑦ 子どもの理解・権利保障，子どもとの関係づくりに役立つ。
　⑧ 教職員どうしや保護者・住民などとの連帯・協働・協同が促される。
　⑨ 教育実践・研究・改革への意欲，能力が高まる。
　⑩ 教育を広い視野（教育と教育条件・制度・政策，地域，社会，国家，世界，人類的課題，歴史，社会や生涯にわたる学習，などとの関係）から考える。

　教育学研究の成果を，教師の実践的指導やその力量形成，教職活動全体にど

う生かすかは，教育学界と教育現場の重要な共同の課題であり，本シリーズは，その試みである。企画の性格上，教育諸学会に属する日本教師教育学会会員が多数，執筆しており，将来，医学界で医学教育マニュアル作成や教材開発も手がける日本医学教育学会に類する活動が同学会・会員に期待されよう。

2 教職の専門職制の確立と教育学

　近代以降，学校制度の発達にともない，教師の職業が公的に成立し，専門的資格・免許が必要とされ，公教育の拡大とともに養成期間の長期化・高学歴化がすすみ，近年，「学問の自由」と一体的に教職の「専門職」制の確立が国際的趨勢となっている (1966 年，ILO・ユネスコ「教師の地位に関する勧告」6，61 項)。その基調のもとに教師の専門性，専門的力量の向上がめざされている。

　すなわち，「教育を受ける権利」(教育への権利)(日本国憲法第 26 条，国際人権 A 規約第 13 条 (1966 年)) の実現，「個人の尊厳」に基づく「人格の完成」(教育基本法前文・第 1 条，前掲規約第 13 条)，「人格の全面的発達」(前掲勧告 3 項)，「子どもの人格，才能並びに精神的及び身体的な能力をその可能な最大限度まで発達させる」(1989 年，子どもの権利条約第 29 条) など，国民全体の奉仕者である教師の重要かつ困難な使命，職責が，教職の専門職制，専門的力量の向上，その学問的基礎の確立を必要としているといえよう。とりわけ，「真理を希求する人間の育成を期する」教育において，真理の探究をめざす「学問の自由」の尊重が根幹とされている (教育基本法前文，第 2 条)。

　今日，21 世紀の「知識基盤社会」の展望のもとで，平和・人権・環境・持続的開発などの人類的課題の解決を担う民主的市民の形成のため，生涯学習の一環として，高等教育の機会均等が重視され (1998 年，ユネスコ「21 世紀に向けた高等教育世界宣言」)，各国で「教育最優先」が強調されている。その趨勢のもとで各国の教育改革では教職・学校・自治体の自治と責任が増大し，教師は，教育改革の鍵となる人 (key actor) として，学校外でも地域社会の教育活動の調整者 (co-ordinator)，地域社会の変革の代行者 (agent) などの役割が期待されている (1996 年，ユネスコ「教師の地位と役割に関する勧告」宣言，前文)。そのよ

うな現代の教職に「ふさわしい学問的・専門的能力を備えた教師を養成し，最も適格の青年を教職に惹きつけるため，教師の教育者のための知的挑戦プログラムの開発・提供」が勧告されている（同1・3・5項）。その課題として，教員養成カリキュラム・授業の改革，年限延長，大学院進学・修学の促進などを基本とする教師の学問的能力の向上方策が重要になろう。

教職の基礎となる学問の分野は，通常，一般教養，教科の専門教養，教育に関する教職教養に大別され，それらに対応し，大学の教員養成課程では，一般教養科目，専門教育科目，教職科目に区分される。そのうち，教職の専門職制の確立には教職教養，教育学が基礎となるが，各領域について広い学問的知識，学問愛好の精神，真理探究の研究能力，批判的・創造的・共同的思考などの学問的能力が必要とされる。

教育学とは，教育に関する学問，教育諸科学の総称であり，教育の実践や事実の研究，教育的価値・条理・法則の探究などを課題とし，その成果や方法は，教育の実践や事実の考察の土台，手段として有効に生かすことができる。今日，それは総合的な「教育学」のほか，個別の教育学（○○教育学）に専門分化し多彩に発展し，教職教養の学問的ベースは豊富に蓄積されている。教育研究者は，通常，そのいずれかに立脚して研究活動を行い，その成果の発表，討論，共同・学際的研究，情報交換，交流などの促進のため学会・研究会等が組織されている。現場教師もそこに参加しており，今後，いっそうすすむであろう。教職科目では，教育学の成果を基礎に，教職に焦点化し，教師の資質能力の向上や教職活動との関係が主に論じられる。

以下，教職教養の基盤である教育学の分野とそれに対応する学会例（全国規模）を挙げ，本シリーズ各巻名を付記する。教職教養のあり方や教育学の分野区分は，「教師と教育学」の重要テーマであるが，ここでは概観にとどめる。

A. 一般的分野
① 教職の意義・役割＝日本教師教育学会【第2巻・教職論】
② 教育の本質や理念・目標＝日本教育学会，日本教育哲学会【第1巻・教育学概論】

③ 教育の歴史や思想＝教育史学会，日本教育史学会，西洋教育史学会，教育思想史学会【第3巻・教育史】

④ 発達と学習＝日本教育心理学会，日本発達心理学会【第4巻・教育心理学】

⑤ 教育と社会＝日本教育社会学会，日本社会教育学会，日本生涯学習学会，日本公民館学会，日本図書館学会，全日本博物館学会【第5巻・教育社会学，第6巻・社会教育】

⑥ 教育と行財政・法・制度・政策＝日本教育行政学会，日本教育法学会，日本教育制度学会，日本教育政策学会，日本比較教育学会【第7巻・教育の法と制度】

⑦ 教育と経営＝日本教育経営学会【第8巻・学校経営】

⑧ 教育課程＝日本カリキュラム学会【第9巻・教育課程】

⑨ 教育方法・技術＝日本教育方法学会，日本教育技術学会，日本教育実践学会，日本協同教育学会，教育目標・評価学会，日本教育工学会，日本教育情報学会【第10巻・教育の方法・技術】

⑩ 教科教育法＝日本教科教育学会，各教科別教育学会

⑪ 道徳教育＝日本道徳教育学会，日本道徳教育方法学会【第11巻・道徳教育】

⑫ 教科外活動＝日本特別活動学会【第12巻・特別活動】

⑬ 生活指導＝日本生活指導学会【第13巻・生活指導】

⑭ 教育相談＝日本教育相談学会，日本学校教育相談学会，日本学校心理学会【第14巻・教育相談】

⑮ 進路指導＝日本キャリア教育学会（旧進路指導学会），日本キャリアデザイン学会

⑯ 教育実習，教職関連活動＝日本教師教育学会【第15巻・教育実習】

B. 個別的分野（例）

① 国際教育＝日本国際教育学会，日本国際理解教育学会

② 障害児教育＝日本特殊教育学会，日本特別支援教育学会

③ 保育・乳幼児教育＝日本保育学会，日本乳幼児教育学会，日本国際幼児学会
④ 高校教育＝日本高校教育学会
⑤ 高等教育＝日本高等教育学会，大学教育学会
⑥ 健康教育＝日本健康教育学会

　人間は「教育的動物」，「教育が人間をつくる」などといわれるように，教育は，人間の発達，人間社会の基本的いとなみとして，人類の歴史とともに存続してきた。それを理論的考察の対象とする教育学のルーツは，紀元前の教育論に遡ることができるが，学問としての成立を著者・著作にみると，近代科学革命を背景とするコメニウス『大教授学』(1657年) 以降であり，その後のルソー『エミール』(1762年)，ペスタロッチ『ゲルトルート児童教育法』(1801年)，ヘルバルト『一般教育学』(1806年)，デューイ『学校と社会』(1899年)，デュルケーム『教育と社会学』(1922年) などは，とりわけ各国に大きな影響を与えた。

　日本では，明治維新の文明開化，近代的学校制度を定めた「学制」(1872年) を契機に西洋の教育学が移入されたが，戦前，教育と学問の峻別や国家統制のもとでその発展が阻害された。戦後，1945年以降，憲法の「学問の自由」(第23条)，「教育を受ける権利」(第26条) の保障のもとで，教育学の各分野が飛躍的に発展し，教職科目・教養の基盤を形成している。

3 教員免許制度と教育学

　現行教員免許制度は，教育職員免許法(1949年) に規定され，教員免許状授与の基準は，国が同法に定め，それに基づき大学が教員養成 (カリキュラム編成とそれに基づく授業) を行い，都道府県が免許状を授与する。同法は，「この法律は，教育職員の免許に関する基準を定め，教職員の資質の保持と向上を図ることを目的とする」(第1条) と規定している。

　その立法者意思は，学問の修得を基礎とする教職の専門職制の確立であり，現行制度を貫く基本原理となっている。たとえば，当時の文部省教職員養成課長として同法案の作成に当たった玖村敏雄は，その著書で次のように述べてい

る。
　　「専門職としての医師がこの医学を修めなければならないように，教育という仕事のために教育に関係ある学問が十分に発達し，この学問的基礎に立って人間の育成という重要な仕事にたずさわる専門職がなければならない。人命が尊いから医師の職業が専門職になって来た。人間の育成ということもそれに劣らず貴い仕事であるから教員も専門職とならなければならない。」「免許状」制は「専門職制の確立」をめざすものである（『教育職員免許法同法施行法解説』学芸図書，1949 年 6 月）。
　　「大学において一般教養，専門教養及び教職教養の一定単位を履修したものでなければ教職員たるの免許状を与えないが，特に教育を専門職たらしめるものは教職教養である。」（「教職論」『教育科学』同学社，1949 年 8 月）。
　現行（2016 年改正）の教育職員免許法（5 条別表第一）は，免許授与基準として，所要資格である「大学において修得することを必要とする最低単位数」を「教科及び教職に関する科目」について定めている。単位数は，免許状の種類（普通免許状の場合，教諭，特別支援学校教諭，養護教諭，栄養教諭の各専修免許状，一種免許状，二種免許状）により異なり，教諭一種免許状では幼稚園 51 単位，小学校，中学校，高校は各 59 単位である。
　同法施行規則は，各科目の修得方法を規定（2〜7 条）し，「教科及び教職に関する科目」の場合，各欄に区分する科目，「各科目に含めることが必要な事項」，単位数が一覧表に掲示されている。教諭，養護教諭，栄養教諭の各一種免許状では次の通りである（特別支援学校教諭については 7 条に別途規定）。
○第二欄「教科及び教科の指導法に関する科目」（幼稚園教諭は「領域及び保育内容」，養護教諭は「養護」，栄養教諭は「栄養」の各指導法に関する科目）
　「教科に関する専門的事項」，「各教科の指導法（情報機器及び教材の活用を含む。）」
　単位数＝幼稚園 16 単位，小学校 30 単位，中学校 28 単位，高校 24 単位
○第三欄「教育の基礎的理解に関する科目」
　「教育の理念並びに教育に関する歴史及び思想」，「教職の意義及び教員の役割・職務内容（チーム学校運営への対応を含む。）」，「教育に関する社会的，制度的

又は経営的事項(学校と地域との連携及び学校安全への対応を含む。)」,「幼児,児童及び生徒の心身の発達及び学習の過程」,「特別の支援を必要とする幼児,児童及び生徒に対する理解」,「教育課程の意義及び編成の方法(カリキュラム・マネジメントを含む。)」

　単位数＝幼稚園10単位,小学校10単位,中学校10単位,高校10単位
○第四欄「道徳,総合的な学習の時間等の指導法及び生徒指導,教育相談等に関する科目」

　「道徳の理論及び指導法」,「総合的な学習の時間の指導法」,「特別活動の指導法」,「教育の方法及び技術(情報機器及び教材の活用を含む。)」,「生徒指導の理論及び方法」,「教育相談(カウンセリングに関する基礎的な知識を含む。)の理論及び方法」,「進路指導及びキャリア教育の理論及び方法」

　単位数＝幼稚園4単位,小学校10単位,中学校10単位,高校8単位
○第五欄「教育実践に関する科目」

　「教育実習」,「教職実践演習」

　　単位数＝「教育実習」:幼稚園5単位,小学校5単位,中学校5単位,高校3単位

　　　　　「教職実践演習」:幼稚園2単位,小学校2単位,中学校2単位,高校2単位

○第六欄「大学が独自に設定する科目」

　単位数＝幼稚園14単位,小学校2単位,中学校4単位,高校12単位

　現行法は,1988年改正以来,各教職科目に相当する教育学の学問分野を規定していないが,欄ごとの「各科目に含めることが必要な事項」に内容が示され,教育学の各分野(教育諸科学)との関連が想定されている。

　1988年改正以前は,それが法令(施行規則)に規定されていた。すなわち,1949年制定時は,必修科目として,教育心理学,児童心理学(又は青年心理学),教育原理(教育課程,教育方法・指導を含む),教育実習,それ「以外」の科目として,教育哲学,教育史,教育社会学,教育行政学,教育統計学,図書館学,「その他大学の適宜加える教職に関する専門科目」,1954年改正では,必修科

目として，同前科目のほか，教材研究，教科教育法が加わり，それ「以外」に前掲科目に加え，教育関係法規，教育財政学，教育評価，教科心理学，学校教育の指導及び管理，学校保健，学校建築，社会教育，視聴覚教育，職業指導，1959年改正で必修科目として，前掲のほか道徳教育の研究が，それぞれ規定されていた。各時期の教職科目と教育学各分野との法的な関連を確かめることができよう。

　教員養成・免許の基準設定やその内容・程度の法定は，重要な研究テーマである。その視点として，教職の役割との関連，教職の専門職制の志向，教育に関する学問の発展との対応，「大学における教員養成」の責任・目的意識・自主性や「学問の自由」の尊重，条件整備などが重要であり，時代の進展に応じて改善されなければならない。

教師教育テキストシリーズ編集代表

三輪　定宣

第1章 教師と教育課程論

1 教育課程の現代的課題

1 教育の目的

　現在の学校教育は、「日本国憲法の精神にのっとり、我が国の未来を切り拓く教育の基本を確立し、その振興を図るため」とその前文でうたわれている教育基本法(1947年制定、2006年「改正」)第1条において示されている教育の目的：「教育は、人格の完成を目指し、平和で民主的な国家及び社会の形成者として必要な資質を備えた心身ともに健康な国民の育成」に基づき、「人格の完成」という究極的な目的をめざして、学校・家庭・地域・社会全体で不断に営まれる人間形成の主要な一環を成すべきものである[1]。
　一般に教育活動を、その機能別にとらえるなら「陶冶、Bildung(独語)」と「訓育、Erziehung(独語、狭義の教育)」とに区分することができ、前者：陶冶は、主に知識や技能の習得面を意味し、学校教育のなかでは主に教科指導(各教科等の授業)がそれを担っている。後者：訓育は、主に道徳的社会的態度等の形成面を意味しており、学校教育のなかでは主に教科外指導・生徒指導(特別活動や「道徳」等)がそれを担っている。もちろん両機能は、教科指導と教科外指導・生徒指導によって、単純に役割分担されているわけではなく、教科の授業においても集団的活動場面における社会的態度が学ばれたり、逆に特別活動や「道徳」において活動内容に関連した知識・技能が学ばれたりもしているのである。この両機能が統一的に、かつバランスよく調和的・統一的に発揮されるような教育活動のなかで、より望ましい「人格の完成」に向けての営みが不断に行われるべきであることはいうまでもない[2]。

学校教育の目的は，第一義的には「学力」の形成であるが，一般日常用語としても頻繁に使われる同用語は，実は多義的である。これまで「学力」はacademic achievement と英訳される場合が多かったが，そこには学校での「達成」や「業績」の意味が込められている。そういう意味では，もっぱら学校教育における「陶冶」機能がもたらすものであるといえよう。

たしかに，学校教育の最大の役割は，そうした知識・技能の習得（＝学習活動）を指導し援助することであるが，しかし近年では，この「学力」をliteracyとか，competencyといった用語で言い表す場合も多い。直訳的にいうならば，前者literacyは，狭義には「識字能力・読み書き能力」を，広義には口承文化に対しての「書字文化」や「教養」を意味している。また，後者competencyは，さらに広い意味内容をもつ用語であり，「能力」とか「適性」といったことを意味するが，企業における人材育成面では「具体的な行動特性」をさす場合が多い。そしてこの2つの用語と意味内容が国際的な教育調査においても意識的に取り入れられることによって，今後の学校教育がめざすべき「学力」の中身をめぐって議論が活性化し，かつ同時に錯綜化する結果ともなっている。

2 国際的な教育調査で問われている「学力」

2003（平成15）年，2つの大規模な国際教育調査の結果が公表された。1つは，国際到達度評価学会（IEA）が実施した「国際数学・理科教育動向調査（TIMSS; Trends in International Mathematics and Science Study）」であり，もう1つは経済協力開発機構（OECD）が実施した「生徒の学習到達度調査（PISA; Programme for International Student Assessment）」である。前者：TIMSS調査は，小学校4年生および中学校2年生を対象として，算数・数学と理科の主に「学校教育で学んだ知識や技能等の習得状況」をとらえようとするもので，1960年代から始まり，TIMSSと改称以降は4年間隔で実施されてきている。それに対して後者：PISA調査は，高校1年生を対象として，読解・科学的・数学的・問題解決リテラシーの各領域で「知識や技能を実生活の場面で活用する力（リテラシー）」をとらえようとするものであり，これまで6回（2000・03・06・09・12・

15年)にわたって3年間隔で実施されてきている。とくに後者は、そこで問われた学力が「PISA型学力」と呼ばれ、日本の高校生たちの成績不振傾向ともあいまって、これからの社会において求められ、学校教育がめざすべき「学力」として議論を呼び起こしたのである。

「読解リテラシー」は、「自らの目標を達成し、自らの知識と可能性を発達させ、効果的に社会に参加するために、書かれたテキストを理解し、利用し、熟考し、これらに取り組む能力である」と定義されており、その「テキスト」は、物語、解説等といった「連続型テキスト」ばかりではなく、図・グラフ、地図、宣伝・広告等といった「非連続型テキスト」をも含んでいる。この読解リテラシー領域での結果が、他領域での結果と比較してもふるわなかった。そのため文科省は、「低下傾向にあり、世界トップレベルとはいえない状況」との認識から、国語だけではなくすべての教科等において文章や資料やデータを解釈し論理的に思考できる力の育成方針(「読解力向上プログラム」)を打ち出すとともに、2007年から実施された小学6年生と中学3年生を対象とした国語と算数・数学の「全国一斉学力テスト(全国学力・学習状況調査)」の内容に反映させ、2008(平成20)年改訂学習指導要領の主要な柱の1つにもかかげた。その後、いったん向上したが、2015年調査では再び下降してきている。

TIMSS調査およびPISA調査は、学習態度等に関する質問紙調査も実施しており、日本の児童・生徒の特徴も浮き彫りになっている。例えばPISA調査(2015年)における「科学の楽しさ」指標の肯定的(まったくそうだと思う+そうだと思う)平均値は、「科学の話題について学んでいる時はたいてい楽しい」では日本が50％、OECD平均が63％、「科学についての本を読むのが好きだ」については日本が35％(18か国中最も低い)、OECD平均が52％となっている。2006年調査と比較しても、同指標関連4項目いずれも数値は低下している。

TIMSS調査(2015)においても同様で、「算数・数学は楽しい」と思う児童・生徒の割合は、2003年調査以降増加はしているものの、いまだ小・中学校ともに(小：75％、中：52％)、国際平均(小：85％、中：71％)に達していない[3]。

2 教育課程編成の課題

1．学習指導要領（2008・09年改訂および2017・18年改訂）と教師の課題

　2008・09年改訂学習指導要領の基本的考え方を示した中央教育審議会答申（2008年1月17日）では，今後の学校教育のめざすべき「学力の重要な要素」として，①基礎的・基本的な知識・技能，②知識・技能を活用して課題を解決するために必要な思考力・判断力・表現力等，③学習意欲，の3つがあげられている。そして，それら「学力の3要素」を相互に結びつけながら同時に追求していく基本方針として提起された。この基本方針の提起は，1990年代のいわゆる「新学力観」政策の下で，学習意欲面の形成と評価に力点が置かれることによって，実践的には基礎的・基本的な知識・技能面の習得が軽んじられるという傾向が生み出されて，さらには2000年代に入り「学力低下」論議が活発化してきたことを背景に，実質的な政策的転換（マスコミ等でいわれるところの「脱・ゆとり」教育への転換）を図ったものといえよう。

　2017・18年改訂学習指導要領は，その政策的転換をさらに継承・展開させるものとなっている。改訂の基本的考え方を示した中教審答申（2016年12月21日）は，「育成すべき資質・能力の三つの柱」として，①知識・技能（何を理解しているか，何ができるか），②思考力，判断力，表現力等（理解していること・できることをどう使うか），③学びに向かう力，人間性等（どのように社会・世界と関わり，より良い人生を送るか）を提起した。それを受けた改訂学習指導要領では，この「育成すべき資質・能力」を教育目標として詳細に規定し，その指導方法として「主体的・対話的で深い学びの実現」を提起した。

　このようななかで，教師には次のような点の検討と実践が求められている。

　第1は，育成すべき「学力」の中身についての検討である。PISA調査における「リテラシー」概念が日本では「応用力・活用力」という言葉に置き換えられ強調されてきているが，それを単に従来の応用問題を解く力であると矮小化してしまうのではなく，社会生活において状況を読み解くと同時に自分の考えを形成し表現し発信していく力として捉えていくことである。そのような力

を獲得してこそ，児童・生徒たちは現実の社会的営みへ積極的に参加し，よりよく改善していくための意欲や態度も形成していけるのである。

　第2は，「学力」の育成方法についての検討である。とりわけ基礎的・基本的な知識・技能の習得方法を単に反復練習活動ばかりに矮小化してしまうこと，また基礎的・基本的な知識・技能の習得から思考力・判断力・表現力等の育成へといった一方向的段階論的な指導過程に矮小化してしまうこと，さらには「主体的・対話的で深い学び」がその形態だけが取り入れられた「活動主義」的な学習活動に矮小化してしまうことにも慎重であらねばならない(4)。

2．教師に求められる教育課程編成力量

　2008・09年改訂学習指導要領では「言語活動」や「算数・数学的活動」に象徴されるような活動事例の提示が行われ，2017・18年改訂学習指導要領では「育成すべき資質・能力」の詳細な規定，それに即した内容・方法および評価のあり方までが提示されるものとなっている。このことが教育活動全般にわたる制約となったり，それらへの教師の依存傾向を生むことになってはならない。また2017・18年改訂版では「カリキュラム・マネジメント」の重要性も打ち出されたが，それが，課せられた業務の効率的な遂行を図るものとしてではなく，学校・教師の自主的主体的な教育活動の創造を図るものとならねばならない（第4章参照）。

　第二次世界大戦後最初の学習指導要領（一般編・試案）の冒頭では，「……ただあてがわれた型のとおりにやるのでは，かえって目的を達するに遠くなるのである。またそういう工夫があってこそ，生きた教師の働きが求められるのであって，型のとおりにやるなら教師は機械にすぎない」という新しい教育の宣言にも似た文言がある。この精神に基づいて戦後の一時期，各地域・各学校でさまざまな教育課程が構想され取り組まれた。その後，学習指導要領が告示（1958年）となり拘束性が強まっていくなかで，次第に教師の教育課程研究も教材研究や指導案研究のレベルに限定されがちとなっていった。しかし，これからの社会を担っていくために必要とされる学力を育成するためには，その育成

を直接的に援助し指導する教師自身にも根本に立ち返っての主体的創造的な教育課程編成力量が必要となってきているといえよう。

【山﨑　準二】

注
（1）「改正」教育基本法についての理解に関しては、浪本勝年・三上昭彦編著『「改正」教育基本法を考える－逐条解説－』北樹出版，2007年を参照。
（2）「教育：education」という営みの本質に立ち返っての理解のためには，寺崎弘昭・周禅鴻『教育の古層－生を養う－』かわさき市民アカデミー講座ブックレット，No.27，シーエーピー出版，2006年が非常に啓発される。諸概念の歴史的変遷については，教育思想史学会編『教育思想事典　増補改訂版』勁草書房，2017年を参照。
（3）TIMSS調査およびPISA調査，全国一斉学力テスト等の問題例や結果についての考察は，田中耕治編著『新しい学力テストを読み解く－PISA/TIMSS/全国学力・学習状況調査/教育課程実施状況調査の分析とその課題－』日本標準，2008年，また文科省および国立教育政策研究所のホームページや出版物などに掲載されている調査報告を参照。
（4）これらの課題を考える際に次のものが参考となろう。日本教育方法学会編『教育方法36－リテラシーと授業改善－』図書文化，2007年。柴田義松監修『子どもと教師でつくる教育課程試案』日本標準，2007年。松下佳代編著『〈新しい能力〉は教育を変えるか：学力・リテラシー・コンピテンシー』ミネルヴァ書房，2010年。

考えてみよう
TIMSS調査およびPISA調査，全国一斉学力テストの問題例や結果について，本章で紹介した事柄のほかにもどのような特徴があるのか，自分で直接調査報告書を読んで調べてみよう。

参考文献
稲垣忠彦『教師教育の創造』評論社，2006年。
国立教育政策研究所編『生きるための知識と技能〈6〉OECD生徒の学習到達度調査（PISA）』ぎょうせい，2016年。同編『TIMSS2015算数・数学教育／理科教育の国際比較』明石書店，2017年。
日本教育方法学会編『学習指導要領の改訂に関する教育方法学的検討：「資質・能力」と「教科の本質」をめぐって』図書文化，2017年。
苅谷剛彦『学力と階層』朝日新聞出版，2008年。

第 2 章 教育課程の概念と構造

1 「教育課程」とは何か

1 諸用語・概念の意味内容

「教育課程」という用語は，第二次世界大戦後，英語 curriculum（カリキュラム）の訳語として用いられ，その語源はラテン語の currere（クレーレ）に本来の語義を求めることができるといわれる。このラテン語の概念は，① 走ること，② 走路・道程，③ 競走場，④ 競争用二輪戦車（馬車），そして⑤ 人生の行路・生涯，などといった意味を有する。今日でも curriculum vitae とは，生涯の履歴・履歴書（brief account of one's career）のことをいう。したがって，今日でこそ「教育課程（curriculum）」は学校等教育機関において提供される組織的計画的に編成された教育内容をさす用語として使われる場合が多いが，本来的に curriculum という用語は学校等教育機関を含めた人生の過程で影響を受け人格形成の糧ともなった非組織的非計画的な学習経験の総体を含み込んだ広義の意味内容をもつものである。そのような用語 curriculum が明確に学校における教育用語として登場してくるのは，16世紀後半，大学において学生が一定の課程を修了したことを証明する文書のなかであるといわれ，そのことは，教育を「厳格な計画」に従わせるだけではなく，各学生の「全生活」を教師の監視下におくことも意味していたといわれる[1]。

日本において curriculum という用語が「教育課程」と訳されたのは第二次世界大戦後のことであると冒頭で述べた。1951（昭和26）年改訂学習指導要領において，戦後最初の指導要領にあった教科「自由研究」が廃止され，「教科以外の活動（小）」および「特別教育活動（中・高）」の領域が設置され，それま

での「教科課程」という用語に代わって「教育課程」という用語が公式に登場したのである。つまりそれまで「教科」領域のみによって構成されていた学校の「教科課程」は、「教科」以外の領域が入り込んでくることによってより包括的な「教育課程」という用語に代わったわけである。ちなみに戦前の代表的辞典『教育学辞典』(城戸幡太郎編集代表、岩波書店、1936年) においては、「カリキュラム」の項を開くと「教科課程の項を見よ」とあり、「教育課程」の用語はない。その「教科課程」においては、「有為な生活活動を営むに必要な能力を発展させる上に於いて、児童及び青年が経験せねばならぬ経験の系列を意味する」とあり、その経験には、「我々が社会生活に参加することに依って自然に習得することのできるもの」と「組織的な教育を必要とするもの」との2つがあり、前者が「個人の能力の発展に関係ある経験の全範囲となすもの」であり、後者が「能力の発展を完成する為に、特に学校で取り上げる経験の系列」、すなわち「教科課程」であると説明されている。しかし、戦後、アメリカからの影響を受け、経験主義に基づく新教育運動が展開される時代に発行された辞典では、「教科としてのカリキュラム」＝「生徒にとっては外的な理由によって計画され、構成されている」ものと、「経験としてのカリキュラム」＝「生徒の学習活動ないしは学習経験そのものをカリキュラムという場合がある」と述べられ、「カリキュラムを構成するということは、生徒の学習の道を設計するということから転じて、むしろ積極的に、生徒の興味や目的に基づく活動を通して、その時々の環境に応じ、望ましい方向に、その経験の発展を指導することを意味する」と説明されている (斉藤道太郎編集『新教育事典』平凡社、1949年)。

　このような戦後新教育運動時代のなかで生まれた「教育課程」という用語は、その後の1960年代における「教育の現代化」方針、1980年代における「ゆとりと充実」方針という変化を迎えながらも教育界に定着してきた。現在、その意味するところは、狭義には「教科」だけにかぎらず「教育目的に即して、児童生徒の学習活動を指導するために、学校が計画的・組織的に編成して課す教育内容を指示する用語」とし、広義には「社会的人間形成の素材であり、無意

図的・自然的教育の過程にも客観的に存在する」ものも視野に入れた用語として理解しておくべきであろう（細谷俊夫ほか編『教育学大事典』第一法規，1978年）。

2 潜在的 (hidden or latent, 隠れた・見えない) カリキュラム

さて近年では，上の広義に理解し視野に入れておくべき「社会的人間形成の素材であり，無意図的・自然的教育の過程にも客観的に存在する」ものへ着目し，研究が進められてきている。狭義の「学校が計画的・組織的に編成して課す教育内容」を「顕在的 (manifest or official, 宣言された・公式の) カリキュラム」と呼ぶのに対して，「潜在的カリキュラム」と呼ばれるものへの着目である。

学校は，一面では教育機会均等原則のもとで教科学習や集団生活をとおして一人ひとりの子どもの十全なる発達を保障していく場であるといえるが，他面ではすべての子どもを学業達成競争に組み入れその業績によって選抜・配分していく場であるともいえる。とくに後者のような陰の面に着目するならば，そこで子どもたちが経験し学習するものは，学校によって公に宣言されている教育内容だけではなく，その内容のあり方や学習の仕方に潜むメッセージ，競争を勝ち抜くための身の処し方なども含まれていることに気づくのである。あるいは，一見平等に行われているかのような競争でも，子どもたちの生活背景にある家庭や地域の有する所得や文化に着目するならば，ある集団の子どもたちはスタート時点から終始不平等な競争を強いられ続けることに気づくのである。

「その内容の在り方や学習の仕方に潜むメッセージ」や「競争を勝ち抜くための身の処し方」とは，たとえば内容的な中立性を装いながらも実際は1つの立場にとって都合のよい情報・知識の伝達 (都合の悪い情報・知識の隠蔽) であったり，時々の科学や学説が絶対的真理であるかのように描かれたりすること，そのことによって次第に既成の組織や学問に対する批判的精神を後退させ，参加し学習するとは，誰かがどこかでつくり上げた，すでに出来上がっている体制や真理なるものにいち早く適応し受容することであるとの考えや態度を形成していくことを意味している。また「スタート時点から終始不平等な競争を強いられ続けること」とは，たとえば競争は個人の努力のみによって勝敗が決ま

るかのように装われながらも実際は成育の場である家庭や地域の経済力・文化力などによって大きく左右されていることや，そもそも学校生活で要求される振る舞い方や言語運用の仕方などはある一定の集団や階級（白人社会・中産階級など）のものであるがゆえに別の集団や階級に属する子どもにとっては学校生活への適応はそもそも不利な条件をかかえ特別な努力が要ることを意味している。

そのほかにも子どもたちは，自らが属する学校・学級の雰囲気や集団特性，学校・学級に寄せる周囲からの視線や期待（プラスばかりでないマイナスの視線・期待）などから自分でも気づかぬうちに実に多くのもの（自己のイメージや生き方など）を感じ学び取ってしまうのである。こうして，「社会的人間形成の素材であり，無意図的・自然的教育の過程にも客観的に存在する」広義のカリキュラムは，「学校が計画的・組織的に編成して課す教育内容」である狭義のカリキュラム以上に，そして子どもたちの年齢が低ければ低いほど，身体に深く染み入って人格形成に影響を与えていくのである（この問題をジェンダーの視点から考察した第8章第2節も参照されたい）(2)。

3 「教育課程」研究の課題

広義の「教育課程」は上述してきたような幅広い意味内容をもつものであることを認識するならば，学校における教育課程編成の作業にたずさわるにあたっては，少なくとも次のような研究課題が自覚化されるべきであろう。

そのもっとも重要な第1は，「教科」とその中身である「教科内容」のあり方に関する検討である。今日，暗黙的に前提とし編成作業をしてしまいがちな「教科」であるが，後述するように，わずかばかりの歴史を振り返って見ても，現行の姿がけっして普遍的固定的なものではないことに気づかされる。また，「教科内容」の構成原理もまた普遍的なものはなく，戦後の学習指導要領においても異なった考え方が採られてきた事実もある。次代を担う子どもたちの教育にとって，どのような「教科」が必要であるのか，必要とされる「教科」はどのような考え方に基づいて編成されるべきであるのか。あるいはまたそれらの「教科」の「内容」はどのような事柄がいかなる原理で選択され構成されるべきな

のか，といった点での根本に立ち返っての検討が必要なのである。

　第2の研究課題は，「教科内容」と区別される「教材・教具」の開発・工夫である。「教科内容」が各教科で教えるべき教育的価値としての基本的な概念・法則・原理・技術の体系であるならば，「教材・教具」は一定の教科内容を教えるための材料・手段である。「教材」と「教具」の厳密な区別は難しいが，前者がたとえば作品・文章・事実などであるのに対して，後者はたとえば標本・実験器具・黒板・パソコンなどといった道具類である。「教科内容」をより正しく・より理解しやすく教授し学習させるためにはどのような「教材・教具」が必要であるのか，あるいは両者の関係を《目的：教科内容⇒手段：教材を探す》という一方向的な考え方だけではなく，逆向きの発想で子どもたちにとってより魅力的で・興味を引くモノ・コトがどのような「教科内容」を内包しているか《教材として魅力のある素材⇒その中に教科内容を見出す》といった双方向的な考え方で開発・工夫していく授業づくりが必要である[3]。

　第3の研究対象は，「教育課程」を編成し，実際に運営し，その結果を評価し，さらに改善へと結びつけていくための組織や体制のあり方についてである。教育課程行政における大綱化・弾力化が少しずつ進められてくるなかで，学級・学年・学校の各レベル，あるいは学校間・地域間レベルで「カリキュラム・マネジメント」と呼ばれる取組みが起こってきている。子どもたちの学習活動を支え促していく取組みとして幅広く考えると，学級編成の仕方や学習単位時間の弾力的編成などの問題，子どもの学習に影響を与える教室や学校の条件・環境整備といった施設・設備の問題，子どもの学習状況を把握し改善していくための教育評価の問題といった点も視野に入れる必要があろう（第4章参照）。

2　編成の原理と類型

1　編成の原理

　学校教育における教育課程をどのように編成するかは，そもそも学校教育というものの役割をどのように考えるかに根本のところで規定される。すなわち，これまで人類が蓄積してきた科学や芸術などの文化的遺産のなかからより普遍

的でより本質的な内容を取り出してきて子どもに伝達していくべきと考える立場（これは教育史上では「本質主義（essentialism）」と呼ばれる）に立つか，あるいはそれと対比されるものとして子どもの興味・関心やそれぞれの時代の社会的要請を重視し生活経験を中心に組織していくべきと考える立場（同「進歩主義（progressivism）」）に立つかによって，教育課程は大きく異なるのである。

このような2つの立場に対応したカリキュラム編成の基本として「教科カリキュラム」と「経験カリキュラム」とがある。前者は，これまで人類が蓄積してきた科学や芸術などの文化的遺産の学問分野領域に基づいて，教育的価値や子どもの発達段階といった観点から選択し配列してつくり上げた「教科」を中心として構成したカリキュラムである。そのようなカリキュラム編成では，学習が抽象的概念的な次元のものとなり，かつ受動的な学習スタイルで断片的羅列的な事項の詰め込み型になりがちであるとの批判から，後者である教科の枠をはずして子どもの生活経験を中心として構成しようとする「経験カリキュラム」が提唱されてきている。しかしそれは逆に，活動主義的な学習スタイルが中心となり客観的知識の系統的な習得がおろそかになりがちで，結果として基礎的学力の低下を招きがちであるとの批判もある。この2つの立場が編成原理の両極に位置し，その間に程度の違いはあれさまざまな折衷的な立場が位置し，多様な教育課程の類型を生みだしてきている。

また同様に「教材単元」と「経験単元」という考え方もある。「単元（Unit）」とは，「学習の目標や主題を中心に方法的に組織された，教材と学習経験の単位」であり，今日の学校においても年間指導計画を立案する際に，さらにそれを教材や活動のひとまとまりに区切り，単元と呼ぶことが多い。そもそも「単元」は，19世紀ドイツのヘルバルト主義教授理論における教材の単位を意味した「方法的単元（methodische Einheit）」に由来したものであるが，その後アメリカに渡り，子どもの思考過程に即しての教材構成へ，さらには子どもの学習経験自体を組織したものへと展開し，多様な構成様式を生みだしてきた[4]。

さらに，学校の教育課程を編成するにあたっては，上のような「本質主義」か「進歩主義」という基本的立場だけではなく，その時々の時代・社会からの

要請，すなわちどのような人間がこれから必要とされているのか，そのためにどのような知識・能力・社会性・道徳性を有していることが必要とされているのかという教育の目的・目標や教育内容にかかわる社会からの要請も大切な視点である。あるいはそもそも学習する主体である子どもたちの身体的精神的発達の諸段階におけるニーズからの要請もまた大切な視点である。このように編成の原理にかかわる視点は多様である。

　一般に，教育課程を編成する作業の基本として「スコープ (scope, 領域)」と「シークエンス (sequence, 系列)」という2つの概念がある。この両概念は，そもそもは「経験主義」の立場に基づいたものであるが，前者は編成作業の横軸として「社会生活の主要機能 (生産・分配・消費・通信・輸送等)」を据え，後者は縦軸として子どもの「興味の中心 (家庭・学校・村や町の生活等)」を据え，それぞれの軸から発した2本の線の交差する箇所に望ましい教育内容が配置されるという考え方として使われるものである。その後，両概念は，教育課程編成における，内容選択の「領域・範囲」と内容構成の「系列・配列」という一般原理としても用いられるようになってきている。

2　構成法と類型

　では実際には，どのような方法によって教育課程の具体的内容は選択され構成されるのか。教育史上では，20世紀初頭のアメリカにおける教育改革運動のなかで，その基本構成法として次のようなものが提唱されてきている。

　① **教科書法** (textbook procedure)　教科書の内容分析 (背景にある各学問分野の内容分析，学習指導要領に規定されている内容の分析) を行い，教えるべき必要な知識・概念・法則・技術を明らかにして構成する。

　② **活動分析法** (activity-analysis procedure)　人間の生活活動の科学的な分析から内容を決めていく。人間活動の分析は，その主要な経験領域で，人はどのような活動を営んでいるものであるかを見るために行われ，そこから明らかにされた諸活動が内容となる。活動分析法は，たとえば職業分析の面において取り入れられ，そこから種々の事実なり法則なりが発見され，職業教育，職業指導

などのカリキュラム構成が行われる。

　③ **社会機能法**（social-functions procedure）　社会生活の主な機能を分析し，それらの機能の遂行を条件づけている社会的動力を析出した結果をスコープとし，児童・生徒の興味の中心を分析して得られた結果をシークエンスとして，学年配当などの内容構成を行う。第二次世界大戦後の日本で開発されたカリキュラムでは，後者が家庭・学校・市町村・県・国といった「同心円的拡大」傾向をとりがちであった。

　④ **青少年要求法**（adolescent-needs procedure）　児童・生徒の欲求を中心に組もうとするものである。知識の体系を中心に組んだ場合，学習者の興味・関心とは無関係に組織され，それゆえ学習者の活発な学習活動を喚起することができない，学習効果も上がらない，という反省から考えられた。

　⑤ **問題領域法**（problem-areas procedure）　社会において児童・生徒の直面する諸問題（たとえば，学校への入学，友だちとの交際，性の問題，職業選択の問題など）を明らかにして，内容を構成する。

　以上のような構成法によって選択され構成された内容を，教育課程全体としてどのように編成したらよいのか。この点についても，教育史上，およそ次のような編成の類型が提唱されてきているが，実際にはそれぞれの厳密な区別は難しく，重なり合う部分も多い。

　① **教科カリキュラム**（subject curriculum）　上述したように，基本的に背景となる各学問分野の領域・構造に基づいて諸教科が並立したものである。19世紀において分化的体系的な近代諸科学が成立してくることを背景として，学校教育にも取り入れられてきた。

　② **相関カリキュラム**（correlated curriculum）　教科カリキュラムの枠を維持したまま教科間の相互連関をはかったものである。この考え方に近いものとして，近年の日本ではカリキュラム全体で重視するテーマ（たとえば環境教育や健康教育など）を設定し，それに関連する各教科の共通内容要素を取り出してきて構成をはかる「クロス・カリキュラム（cross-curriculum）」と呼ばれる試みもある。

　③ **融合カリキュラム**（fused curriculum）　教科の学習を中心としながらも，取

1. **教科カリキュラム**（subject curriculum）

2. **相関カリキュラム**（correlated curriculum）

3. **融合カリキュラム**（fused curriculum）

4. **広領域カリキュラム**（broad-field curriculum）

5. **コア・カリキュラム**
 　（core curriculum）

6. **経験カリキュラム**
 　（experience curriculum）

図2.1　カリキュラムの類型

出所：大島三男『カリキュラム構成論』（同学社版，1949年）から一部表記を山﨑が修正

り扱う問題の範囲を覆う教科の境界を撤廃して構成をはかったものである。地理・歴史・公民の融合としての社会科や物理・科学・生物・地学の融合としての理科といったようなカリキュラムのことをいう。ちなみに，戦後最初の1947（昭和22）年版学習指導要領で登場した「社会科」は，「従来〔戦前〕の修身・公民・地理・歴史を，ただ一括して社会科という名をつけたというのではない」，「今日の我が国民の生活から見て，社会生活についての良識と性格とを養うことが極めて必要であるので，そういうことを目的として，新たに設けられた」，「これまでの修身・公民・地理・歴史などの教科の内容を融合して，一体として学ばれなくてはならないのでそれらの教科に代わって」設けられた「教科」であることが表明されている。

④ **広領域カリキュラム**（broad-field curriculum）　教科の枠を取り払って，学問の専門分野をより広い領域に統合することによって学習内容の細分化を克服し，あるテーマを広い視野に立って追究しようとするカリキュラムである。調理・被服・育児・家政の融合としての家庭科などがあげられる。

⑤ **コア・カリキュラム**（core curriculum）　コア（核）となる中心課程と，それを支える関連内容領域の周辺課程とから構成されるカリキュラムのことである。多くの場合，前者が現実生活上の課題を解決しながら学習が進められていくのに対して，後者ではその活動に必要な基礎的知識や技能を学習していくのである。また前者が共通の必要に応える必須学習，後者が個人の必要に応える選択学習と位置づけられる場合もある。1930年代アメリカで試みられた進歩主義教育の実践（ヴァージニア・プランやカリフォルニア・プラン等），その影響を受けて第二次世界大戦直後の日本で新しく登場した社会科を中心教科に据えたコア・カリキュラム運動と呼ばれる実践が展開された。

⑥ **経験カリキュラム**（experience curriculum）　上述したように，子どもの生活経験を中心に据えて構成しようとするものであるが，子どもの日常生活上の興味や要求から出発し，周囲の文化と社会生活について経験に基づきながら理解を深め，次第に社会参加していけるように導いていくための目的的な経験によって構成されるのである[5]。

3 編成の手順と主体

さて，以上のような基本原理をふまえて，各学校現場では，どのような手順で，いかなる点に留意しながら教育課程を編成していったらよいのだろうか。また，その際の編成の主体としてどのような者たちがかかわるべきなのだろうか。これらの問題について考えていきたい。

各学校における教育課程を編成する場合，次のような手順が一例として示されている[6]。

① 教育課程の編成に対する学校の基本方針を明確にする――学校の姿勢や作業計画の大綱を明らかにするとともに，それらについて全教職員が共通理解をもつ。
② 教育課程の編成・実施のための組織と日程を決める。
③ 教育課程の編成のための事前の研究や調査をする――国や教育委員会の基準の趣旨を理解するとともに，教育課程編成に関わる学校の実態や諸条件を把握する。
④ 学校の教育目標など教育課程の編成の基本となる事項を定める――各学校が直面する教育課題の解決をめざす。
⑤ 教育課程を編成する――指導内容を選択し，組織し，それに必要な授業時数を定めて編成する。

このような作業の過程において，とりわけ重要なのは，地域や学校の実態や担当する児童・生徒の実態を把握すること，そこから学校が取り組んでいかなければならない教育課題を明確にすること，そしてその解決をめざしての教育課程編成でなくてはならないことだろう。

まだ一部とはいえ教育課程の取り扱いの弾力化も少しずつ進められてきており，たとえば1998（平成10）年改訂学習指導要領からは，時間割編成上，授業の1単位時間（通常は小：45分，中：50分）の弾力化が可能となってきている。いつ，どのような内容であろうとも，45分や50分の授業時間でなくてはならないということはなく，理科の実験や総合的な学習の時間の場合は準備や校外活動実施のために長く確保したり，国語・数学・英語のドリル的学習の場合は

短い活動時間を毎日設定するなど，従来のような「時間に合わせた学習活動の展開」から「学習活動の展開に合わせた時間の設定」という発想の転換も必要である。1つの最小となる時間単位（1モジュール＝15分とか25分）を決め，学習内容や児童・生徒の実態と照らし合わせて，その効果的な組み合わせで時間割編成をしていく「モジュール・システム（module system）」という運用方法も開発・実践されてきている。

　教育課程を編成する仕事は，ともすると校務主任等一部教師のみが取り扱うものであり，その他の教師，とりわけ若手教師は縁のない仕事のように思われがちである。しかし，「学校に基礎をおく（school-based）」カリキュラム開発という言葉も生まれてきたように，児童・生徒と地域の実態を身近に知り，日々の教育実践を担う教師たちが集団的討議をとおして編成作業に当たることが必要であり，その教育成果も上がると考えられる。また，近年の「開かれた学校づくり」方針や「学校運営協議会」制度の導入などの動向をふまえて，教師とは異なった目で児童・生徒たちをとらえている種々の学校職員，保護者，地域住民，あるいは学習の主体である児童・生徒自身の意見なども反映させながら編成作業に取り組んでいくことが必要である（法的な問題は第3章参照）。

3　学習指導要領における基本構造

1　目標と性格

　2006（平成18）年12月の「改正」教育基本法の特徴の1つに，「教育の目標」が5項目にわたって新たに明記されたことがある。旧教育基本法では「第1条（教育の目的）」を達成するために基本方針が「第2条（教育の方針）」として簡潔に記されていたにすぎなかったが，「改正」教育基本法では「第2条（教育の目標）」と改められ，そこに「態度目標」的性格の5項目が明記されたのである。「目的を実現するため，学問の自由を尊重しつつ」という精神は旧法から引き継ぎながらも，改正過程で政治的な注目を浴び論議を呼んだ「伝統と文化を尊重する」「我が国と郷土を愛する」「国際社会の平和と発展に寄与する」という文言が入ったものとなっている。そしてこの教育基本法「改正」の趣旨に基づ

いて，2007（平成19）年6月に学校教育法も「一部改正」され，新たに義務教育の目標が定められるとともに（第21条），幼稚園から大学までの各学校種の目的・目標の見直しが行われたのである。そこにも「伝統と文化を尊重し，それらをはぐくんできた我が国と郷土を愛する態度を養うとともに，進んで外国の文化の理解を通じて，他国を尊重し，国際社会の平和と発展に寄与する態度を養う」との文言が新たに加えられたのである。2008・09年改訂学習指導要領は，上述のような教育基本法および学校教育法の「改正」を背景に打ち出されたものであり，「第1章　総則，第1　教育課程の一般方針」部分においては，道徳教育の目標として「伝統と文化を尊重し，それらをはぐくんできた我が国と郷土を愛し」「公共の精神を尊び」といった文言が新たに付け加えられている。以上のような背景と改訂内容が，後述「道徳」部分で言及するように教育課程全体にも大きな影響を及ぼすことになった。

2　基本構造

　2008・09年改訂および2015年一部改訂，さらに2017・18年改訂に至り，小・中・高ともに「総則」を共通に含み，小学校の場合は，「各教科：国語，社会，算数，理科，生活，音楽，図画工作，家庭，体育，外国語」，「特別の教科　道徳」，「外国語活動」，「総合的な学習の時間」，「特別活動」の6章，中学校の場合は，「各教科：国語，社会，数学，理科，音楽，美術，保健体育，技術・家庭，外国語」，「特別の教科　道徳」，「総合的な学習の時間」，「特別活動」の5章，そして高等学校の場合は，「各学科に共通する各教科：（略）」，「主として専門学科において開設される各教科：（略）」，「特別活動」の4章で，それぞれ構成されている。幼稚園教育要領の場合は，「ねらい及び内容：健康，人間関係，環境，言葉，表現」，「教育課程に係る教育時間の終了後等に行う教育活動などの留意事項」の3章である（小・中・高校それぞれの授業時数等に関しては巻末資料編を参照）。

　第二次世界大戦後最初の1947（昭和22）年版学習指導要領の構成は「教科」のみから出発した。その後，時代とともに「教科外活動（特別活動）」「道徳」「総

合的な学習の時間」が加わり、そして小学校において「教科：外国語（5・6年)」と「外国語活動（3・4年生)」が新たに加わってきて、基本構造は次第に複雑になってきている。その一方で、2008年改訂で中学校の「選択教科」は、開設できるとしながらも、それに充てる授業時数は明記されなくなった（変遷の概要に関しては巻末資料編を参照)。

　「各教科」　小・中・高校における「教科」は、学校教育法施行規則によって教科・科目名や授業時数・単位数が規定され、学習指導要領によってその具体的な内容等が示されている（第3章参照）が、歴史的にみると現行構成が決して普遍的固定的なものではないこと、また「教科」を含めた教育課程全体が構成される原理も同一であったわけでもないことがわかる。

　たとえば、第二次大戦後以降に限ってみても、1947年版には「自由研究」（後述）という教科があったし、1989年改訂によって小学校「生活科」（それ以前の低学年社会科と理科を統廃合）や高等学校「地歴科」「公民科」（それ以前は統合「社会科」）が誕生している。また、高等学校における「教科・科目」構成に関しては、専門学科の「教科・科目」はきわめて多様で複雑であるし、各学科共通の「教科・科目」であっても「科目」レベルになるとその変化は大きい。2018年改訂（高校）においては、「理数探究」や「日本史探究」など、大幅な構成変化が行われている（高等学校単位数等に関しては巻末資料参照)。

　また、「教科」の内容構成の考え方も歴史的には変化がみられる。たとえば、1951年改訂版（小学校）のように、「経験の組織が教科である」との経験主義教育論の見解が表明され、「教科」は「国語・算数」「社会・理科」「音楽・図画工作」「家庭」「体育」の5つに括られ、時間配当も2学年分をまとめつつ各々に教育活動全体の中での割合を示す数値のみが例示されている（たとえば「国語・算数」は「1・2学年：45〜40％」)。それとは逆に、1968-70年改訂版では、教育の「現代化」と称して教科内容の系統的効率的指導を目的とし、学問・科学技術の体系や構造に即して基本的概念・法則の系統化が図られた[7]。

　さらには1947年版で登場し1951年改訂版で姿を消した教科「自由研究」のように、①個人の興味と能力に応じた教科学習の発展としての自由な学習、②

学年の区別をやめ同好の者が集まってのクラブ組織による活動，③学校や学級の全体に対して責任を負う当番の仕事や学級委員としての仕事，といった3つの活動内容，すなわち今日の学校では夏休みの自由研究やクラブ活動や自治的委員会活動までも含みこんでいたものもある（1951年改訂版で「自由研究」という名の「教科」名は姿を消したが，それは実質的には「教科外活動（小）」・「特別教育活動（中・高）」といった教科外活動を教育課程内へ初めて設置するという発展的解消であったといえる）。

諸「教科」をどのように編成するかということが教育課程編成の重要な課題であり，前節でその構成原理と諸類型を紹介した。「教科」を，その内容的特性に従って，「用具〔道具〕教科：他の教科を学習する上で用具〔道具〕となる知識・技能を習得する：国語，算数・数学・外国語」「内容教科：理科，社会」「技能教科：音楽，美術，体育」といった分け方がある。その分け方は，今日でも教育論議のなかで無意識に使われることもあるが，同一教科内でも上記3種類にまたがる内容が含まれていたり（国語には言語の学習だけではなく文学の学習などもある），そもそも音楽・美術・体育は技能だけを習得する教科なのかといった教科の目的に関する本質論の点でも無理があるといえる。

「道徳」 2015年3月一部改訂で「特別の教科　道徳」が登場するまで，「道徳」は「教科」ではなかったという事実は意外と認識されていない。それは，どの教室でも前の黒板脇に掲示されている日課表のなかに「各教科」とならんで「道徳」の時間が配置・明記されてあり，しかも教科書のようなものを手にしながら授業を受けた記憶が小・中学校体験として残っているからであろう。

「教科」ではない特設「道徳」の登場は，1958（昭和33）年改訂学習指導要領からである。それ以前の1947（昭和22）年版および1951（昭和26）年改訂版においては，戦前の天皇制国家主義・軍国主義教育体制下で諸教科の最上位に位置づけられていた教科「修身」において教育勅語などの内容を「徳目」として盛り込んだ国定教科書による教え込み（教化，インドクトリネーション）が行われていたことを反省し，「修身」は廃止，民主社会の建設にふさわしい道徳の指導は「教育のある部分ではなく，教育の全面において」行われる方針が採られて

いた。この精神は，1951年改訂学習指導要領の記述において次のように明快に説明されている。すなわち，「学校教育の全面において，道徳的態度を形成するための指導を行うということは，各教科の学習や特別教育活動がそれぞれの役割を十分果たして，互いに関連をもって行われること」であると。そして，「そうでなくては，人格的統一が失われることになる」。「ただし，ここに考えておかねばならないことは，どの教科の学習においても，道徳的態度の形成のための指導は可能であるし，また必要でもあるが，そのために，その教科の主として目指しているねらいが，おろそかにされるということがあってはならないということである」と。しかし，その後の学習指導要領上における道徳教育は，世界が東西冷戦時代を迎えるなかで，1958年版で学習指導要領の告示化を根拠として法的拘束力が強められていったことと相まって特設「道徳」が登場し，1966年には「日本人としての自覚を持つこと」「正しい愛国心を持つこと」「象徴に敬愛の念をもつこと」が明記された中央教育審議会文書「期待される人間像」が出されたのを背景として1968・69年版では愛国心や天皇への敬愛が説かれ，歴史教育に神話が登場することとなる。そしてその後「日の丸」「君が代」の国旗国歌化を受けて1989年版では入学式・卒業式での「日の丸」掲揚と「君が代」斉唱の指導が強化された。2002（平成14）年には国によって『心のノート』（2014年『私たちの道徳』として全面改訂）が作成され，小・中学校児童・生徒全員に配布された。2008年版では教育基本法「改正」をふまえて「伝統と文化を尊重する」「我が国と郷土を愛する」「国際社会の平和と発展に寄与する」という文言が総則に加わるにいたった。国語科には「故事成語，伝説，古文・漢文の音読」が，音楽科には「和楽器を含めた我が国の音楽の指導」や「民謡，長唄など我が国の伝統的な歌唱」が，家庭科には「和服の基本的な着方を扱うこともできる」が，そして体育には「武道（柔・剣道，相撲，なぎなた等の種目）」の男女必修化（中学）が，それぞれ新たに加わることにもなった。また，「道徳教育推進教師」の配置が提起され，そして「特別の教科　道徳」として実施されるに至った（2015年度より取組可能，2018・19（小・中）年度より実施）。

特別活動　児童・生徒にとって，その呼称は知らなくても授業よりも身近で，

かつ学校生活を象徴するものとして，この「特別活動」領域がある。それは，この領域には次のような諸活動が含まれているからである。すなわち，(1)学級活動(小・中)・ホームルーム活動(高)：中・高には将来の生き方や進路選択に関する活動が入る，(2)児童会活動(小)・生徒会活動(中・高)，(3)クラブ活動(小のみ)，(4)学校行事(小・中・高)：① 儀式的行事(入学式，卒業式，始・終業式，朝会など)，② 文化的行事(学芸会，文化祭など)，③ 健康安全・体育的行事(身体測定，健康診断，避難訓練，運動会，体育祭，体力テストなど)，④ 遠足(中・高は旅行)・集団宿泊的行事(遠足，修学旅行，移動教室，見学など)，⑤ 勤労生産・奉仕的行事(小・中・高)：地域清掃活動，ボランティア活動，職場体験活動(中・高)など，である。

　これらの多くの活動は，戦前の学校教育活動のなかにも実質的には存在していたのであるが，正課内の活動領域として位置づけられていたわけではなかった。第二次世界大戦後になって，最初の1947年版学習指導要領(小・中)のなかでは教科「自由研究」のなかの活動として入り込み，その次の1951年版によって，「教科以外の活動(小)」「特別教育活動」(中・高)として登場してくるのである(ただし，時間配当表にはその時数が明記されなかった)。後者の名称「特別教育活動」は，アメリカのextra-curricular-activitiesの訳語であるとされている。このような活動は，本来的には，児童・生徒の自主的自治的な活動を中心として行われ，教科での認識形成(たとえば社会などで民主主義や基本的人権の考え方やその尊重の仕組みなどを学習すること)と結びつけながら，そこで学んだことを学校生活で実際に実践していく経験を経て，市民社会を生きる主権者としての社会性や態度を形成していくことを目的としているのである。

　〔補記〕「総合的な学習の時間」や「外国語活動」についての考察は，第8章第1節および第3節を参照されたい。
【山﨑　準二】

注
(1)　D. Hamilton (安川哲夫訳)『学校教育の理論に向けて―クラス・カリキュラム・一斉教授の思想と歴史―』世織書房，1998年，60頁参照。

（2） 非常に多義的な「潜在的カリキュラム」について学習を進めるには，まずは安彦忠彦編『新版カリキュラム研究入門』勁草書房，1999 年を，そしてイリッチ（I.D. Illich：学校の神話），アップル（M.W. Apple：学校知識・公的知識），ブルデュー（P. Bourdieu：文化資本），バーンスティン（B. Bernstein：社会言語コード），柴野昌山（学習風土）などの諸著作（邦訳書あり）を参照。

（3） 「教科内容」と「教材・教具」の区別と授業づくりのうえでのその意義とを多少の見解の相違をもちながらも比較的早い段階で論じたものとして，柴田義松『現代の教授学』明治図書，1967 年や中内敏夫『教材と教具の理論』有斐閣，1978 年がある。また，《教材→教科内容を見出す》といった方向での授業づくりに関しては，大津和子『社会科＝一本のバナナから』（国土社，1987 年），千葉保『日本はどこへ行く？―使い捨てカメラ，ハンバーガー，日の丸の授業―』（太郎次郎社，1991 年）などをはじめとした実践が取り組まれてきた。

（4） さらなる本格的学習には，佐藤学『米国カリキュラム改造史研究』東京大学出版会，1990 年を参考にされたい。

（5） ここで紹介したような教育課程の根本に立ち返っての内容構成や課程編成についての研究は，戦後新教育運動を背景として，倉沢剛『近代カリキュラム』（誠文堂新光社，1948 年），教師養成研究会『教育課程―カリキュラムの構成と展開―』（学芸図書，1949 年），大島三男『カリキュラム構成論』（同学社，1950 年），倉沢剛『単元論』（金子書房，1950 年）がみられる。

（6） 文部科学省『中学校学習指導要領　解説―総則編』2017 年 7 月。

（7） 1947-51 年版学習指導要領の考え方の背景には，デューイ（J. Dewey）の経験主義教育思想があり，「児童中心カリキュラム」と呼ばれ，1958-68 年版の考え方の背景には，ブルーナー（J.S. Bruner）の「教科の構造（structure of discipline）」論があり，「学問中心カリキュラム」とも呼ばれる。

考えてみよう

1．自分の小・中・高校時代の学校生活を思い出し，さまざまな活動が「教育課程の基本構造」のどこに位置づくものであったか考えてみよう。また，「潜在的カリキュラム」としてはどのようなものがあったか考えてみよう。

参考文献

佐藤学『カリキュラムの批評』世織書房，1996 年。
柴田義松『教育課程―カリキュラム入門―』有斐閣コンパクト，2000 年。
グループディダクティカ編『学びのためのカリキュラム』勁草書房，2000 年。
田中耕治編『よくわかる教育課程（第 2 版）』ミネルヴァ書房，2018 年。

第3章 教育課程の法と行政

1 教育課程編成に関する法体系

　教育課程編成に関する法体系を考える場合，それが日本国憲法・教育基本法の示す教育理念を実現するにふさわしいものであることが前提条件となる。日本国憲法第26条がすべての国民に保障する「教育を受ける権利」，教育基本法第4条が求める「教育の機会均等」は，いかなる教育であっても，教育を受けているという事実さえあればいいということではない。

　このことを確認したうえで，現行の教育法体系のなかから教育課程にかかわるものを整理してみよう。

　まず学校教育法第21条は次に掲げる10項目を「義務教育として行われる普通教育」の目標としてその達成を求めている。

「1．学校内外における社会的活動を促進し，自主，自律及び協同の精神，規範意識，公正な判断力並びに公共の精神に基づき主体的に社会の形成に参画し，その発展に寄与する態度を養うこと。

2．学校内外における自然体験活動を促進し，生命及び自然を尊重する精神並びに環境の保全に寄与する態度を養うこと。

3．我が国と郷土の現状と歴史について，正しい理解に導き，伝統と文化を尊重し，それらをはぐくんできた我が国と郷土を愛する態度を養うとともに，進んで外国の文化の理解を通じて，他国を尊重し，国際社会の平和と発展に寄与する態度を養うこと。

4．家族と家庭の役割，生活に必要な衣，食，住，情報，産業その他の事項について基礎的な理解と技能を養うこと。

5．読書に親しませ，生活に必要な国語を正しく理解し，使用する基礎的な能力を養うこと。
6．生活に必要な数量的な関係を正しく理解し，処理する基礎的な能力を養うこと。
7．生活にかかわる自然現象について，観察及び実験を通じて，科学的に理解し，処理する基礎的な能力を養うこと。
8．健康，安全で幸福な生活のために必要な習慣を養うとともに，運動を通じて体力を養い，心身の調和的発達を図ること。
9．生活を明るく豊かにする音楽，美術，文芸その他の芸術について基礎的な理解と技能を養うこと。
10．職業についての基礎的な知識と技能，勤労を重んずる態度及び個性に応じて将来の進路を選択する能力を養うこと。」

これを受け，同法第29条は「小学校は，心身の発達に応じて，義務教育として行われる普通教育のうち基礎的なものを施すことを目的とする」と小学校教育の目的を明確に規定している。

小学校の教育課程はこの目的と目標を実現する教育・学習活動の計画案としての性格をもつ。学校教育法第33条は「小学校の教育課程に関する事項は，第29条及び第30条の規定に従い，文部科学大臣が定める」として，文部科学大臣の権限を明記している。

中学校については，同法第48条に「中学校の教育課程に関する事項は，第45条及び第46条の規定並びに次条において読み替えて準用する第30条第2項の規定に従い，文部科学大臣が定める」と規定されている。

また高等学校についても同法第52条に「高等学校の学科及び教育課程に関する事項は，前2条の規定及び第62条において読み替えて準用する第30条第2項の規定に従い，文部科学大臣が定める」との規定が設けられている。

文部科学大臣はこれらの規定を受け，学校教育法施行規則において以下のように教育課程に関する基本的事項を定めている。

1 教育課程の編成

学校教育法施行規則第50条は，小学校の教育課程について次のように定めている。

「小学校の教育課程は，国語，社会，算数，理科，生活，音楽，図画工作，家庭及び体育の各教科（以下この節において「各教科」という。），特別の教科である道徳，外国語活動，総合的な学習の時間並びに特別活動によって編成するものとする。」

これによって小学校における教育課程の領域（教科，道徳，特別活動，総合的な学習の時間，外国語活動）と各教科の名称が決定される。中学校，高等学校についても同様に，施行規則第72条，第83条によって教育課程を編成する領域が規定されている。中学校については外国語活動を除く4領域によって，高等学校については教科，特別活動，総合的な学習の時間の3領域によって編成される。

なお，2015年3月27日の学校教育法施行規則改正により，小学校では2018年4月，中学校では2019年4月から従来の道徳が特別の教科として教科化される。また2017年3月28日に告示された小学校学習指導要領では，新たに第5学年と第6学年を対象に「外国語」（英語）が教科化されるとともに「外国語活動」の実施学年がこれまでの第5学年と第6学年から第3学年と第4学年に前倒しされた。

2 授業時数

同規則第51条は小学校の授業時数と各学年における総授業時数は，別表第一に定める授業時数を標準とするとして，小学校各学年の標準授業時数を定めている。2017年告示の学習指導要領の実施にともなって小学校の授業時数は増加し，総授業時数は5,785時間となる（小・中・高等学校の授業時数表等は資料編を参照）。

同様のことを中学校についても確認しておこう。同規則第72条は「中学校の教育課程は，国語，社会，数学，理科，音楽，美術，保健体育，技術・家庭及び外国語の各教科（以下本章及び第七章中「各教科」という。），特別の教科

である道徳，総合的な学習の時間並びに特別活動によつて編成するものとする」としている。中学校の授業時数は資料編 (p.190) の通りである。

　高等学校については，同規則第83条の規定により，各教科に属する科目（必修科目及び選択科目），総合的な学習の時間及び特別活動の3領域によって編成することが定められ，資料編 (p.191) のように授業時数が定められている。

3　教育課程の基準

　学校教育法施行規則第52条は「小学校の教育課程については，この節に定めるもののほか，教育課程の基準として文部科学大臣が別に公示する小学校学習指導要領によるものとする」として，学習指導要領を教育課程の基準とし，文部科学大臣がこれを作成・公示することを定めている。

　中学校，高等学校についても，第74条，第84条に同旨の規定が設けられている。

2　教育課程行政

1　学習指導要領の性格

　日本において学習指導要領がはじめて作成されたのは1947（昭和22）年であった。作成された『学習指導要領一般編（試案）』は，その「序論」で「これまでの教育では，その内容を中央できめると，それをどんなところでも，どんな児童にも一様にあてはめて行こうとした」と述べて従来のあり方を批判し，さらに次のように述べていた。

>　「この書は，学習の指導について述べるのが目的であるが，これまでの教師用書のように，一つの動かすことのできない道をきめて，それを示そうとするような目的でつくられたものではない。新しく児童の要求と社会の要求とに応じて生まれた教科課程をどんなふうにして生かして行くかを教師自身が自分で研究して行く手びきとして書かれたものである。」

　ここには教育課程の編成を教師が，あるいは学校が行うという考え方が示されていた。

しかし，1958（昭和33）年改訂の学習指導要領について，文部省はその基準性を強調し，教育課程の編成権は学校や教師にあるのではなく，第一義的には文部大臣に，第二義的には教育委員会にあるとした。その後，編成権は学校長にあるとする見解が出されるが，教育のあり方を「教師自身が自分で研究して行く」という当初の趣旨からは批判されるべき見解であるといえよう。

学習指導要領の法的性質については，学説上争いがあり，主要な見解として，① 大綱的基準説，② 外的教育条件説，③ 学校制度的基準説の3つをあげることができる。

第1の大綱的基準説は，学校教育法によって委任される教育課程に関する国の法規命令事項は「ごく大綱的な基準」に限られるとする。この見方に立つと，学習指導要領はその大部分が委任の限界を超えており，法的拘束力は有しないこととなる。ただし，指導助言文書としての適法性を否定するものではない。

第2の外的教育条件説は，教育行政は教育内容や教育方法など，教育の内的事項といわれる領域に介入することは許されず，学習指導要領は，大綱にとどまるかどうかを問わず，教育内容・方法に関する事項を取り扱っているかぎり，法的拘束力はもたず，指導・助言の効力しかもちえないとする。

第3の学校制度的基準説は，学校教育法が立法化を予定しているのは「学校制度的基準」となる各学校段階の教育編制単位である教科目などにほかならないとし，学習指導要領は助言指導的基準としてのみ適法であるとする。

それぞれの説の詳細を紹介することはできないが，現在，学会等においては学校制度的基準説が通説であるといえよう。

2　教育課程の自主編成

教育課程の編成を考える場合，それが誰の権限であるかは重要なことがらである。日本初の学習指導要領がそれを教師・学校に期待していたことはすでに述べたが，文部科学省は学習指導要領の法的拘束力を主張して編成権は文部科学大臣にあるとしている。

ところで，教育課程が具体的な教授・学習計画案であり，教授・学習活動に

直接的にかかわるものであるとすれば、その編成は学校・教師によってこそ十全に行われると考えるべきであろう。教育課程の自主編成とは、こうした考えに従って、政治・行政などの学校外的要因から自由に、学校・教師が教育課程の編成を行うという考え方であり、そうした実践である。

教育課程自主編成の動きは古くは戦前にもみられたが、第二次世界大戦敗戦後に地域教育計画として行われた実践が重要である。川口プラン（埼玉県）、本郷プラン（広島県）、魚崎プラン（兵庫県）、金透プラン（福島県）などがその代表的な例である。

また、民間教育団体や教職員組合の教育研究運動のなかでも、学習指導要領を批判的に検討しつつ教材を自主的に作成・編成することが行われてきた。

しかし自主編成運動が自覚的に行われるのは、学習指導要領の法的拘束力が強調されるようになってからであったといえよう。

3　教育課程の管理・運営

地方教育行政の組織及び運営に関する法律（地教行法）は第21条で教育委員会の職務権限を規定している。このうち第5号は「学校の組織編制、教育課程、学習指導、生徒指導及び職業指導に関すること」、第6号は「教科書その他の教材の取扱いに関すること」で、教育内容・方法に深く関わるものとなっている。また同法第33条は「教育委員会は、法令又は条例に違反しない限度において、その所管に属する学校その他の教育機関の施設、設備、組織編制、教育課程、教材の取扱その他学校その他の教育機関の管理運営の基本的事項について、必要な教育委員会規則を定めるものとする」として、教育委員会に教育課程や教材の取り扱いについて教育委員会規則で定める権限を与えている。

さらに同法第48条第1項には、文部科学大臣または都道府県委員会の指導・助言・援助に関する規定が設けられ、具体的な内容が同第2項に例示されている。その第2号には「学校の組織編制、教育課程、学習指導、生徒指導、職業指導、教科書その他の教材の取扱いその他学校運営に関し、指導及び助言を与えること」が明記されている。つまり、文部科学大臣は都道府県教育委員会に

対して，都道府県教育委員会は市町村教育委員会に対して，教育課程や教科書の取り扱いなどに関して指導・助言を与えることができるということである。

こうした指導・助言関係は，文部省，都道府県教育委員会，市町村教育委員会のあいだに上下関係を認めなかった旧教育委員会法に基づく教育委員会制度の趣旨を否定し，教育行政に上意下達関係をもち込んだとされる地教行法下の教育課程行政に特徴的なものである。指導・助言という手法を通じて実質的な指揮・命令が貫徹するという日本の行政機構の特質を映すものであるともいえよう。

教育委員会の行う教育課程の管理・運営は，主として，① 教育課程の地方基準，手引き書などの発行，② 学校管理規則（教育委員会規則）による教育課程に関する事項の取扱いの決定，③ 学校における教育課程の編成・実施・評価に関する指導主事の指導助言，④ 教育課程の開発・研究，教職員の研修などを通じて行われている。このなかでも，指導主事の果たす役割は大きく，教職員の研修会や学校訪問を通じて，教職員に対して教育課程に関する行政基準の周知徹底を促し，各学校の教育課程編成・実施・評価について専門的な指導・助言を行っている。

3　教科書の検定・採択・使用

1　教科書の検定

学校の教育活動，とくに教科の活動は教科書やその他の教材を用いて行われることが一般的である。まずこの教科書についてみてみよう。

学校教育においては，どのような図書であっても教科書として利用できるわけではない。教科書として使用するには文部科学大臣の検定を経なければならず，検定合格をもってはじめて，教科書として使用される資格が与えられるといえる。発行者（出版社）が検定申請を行うと，その図書は文部科学省内に置かれる教科書調査官の調査に付される。また，文部科学大臣の諮問機関である教科用図書検定調査審議会に対して諮問が行われる。審議会から答申が行われると，文部科学大臣は，教科書として適切かどうかの審査基準となる教科用図書

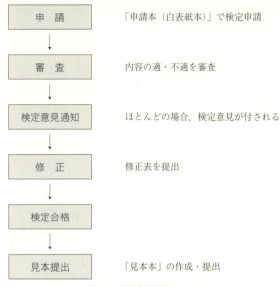

図 3.1　教科書検定の流れ

検定基準に基づいて，検定の合否を決定する。検定の流れは，図3.1および資料編の「教科書検定の手続き」(p.192) を参照されたい。

　図3.1からは読み取りにくいが，教科書発行者が検定意見をきく機会は1回しかない。つまり，その1回の検定意見に従って修正をするかどうかで検定結果が決まることとなる。従来の検定では，この機会が3回準備されていた。そのため，発行者の意図が教科書の記述などに反映される可能性は比較的高かった。逆にいえば，現行制度では，検定合格を願う発行者が記述などに関して自主規制を行わざるを得ず，個性的で多様な教科書の発行が難しくなっている。

　検定意見が思想信条の自由に抵触し，教育の自主性，教師の教育の自由を侵すとの危惧は常に指摘されてきた。古くはいわゆる「Ｆ項パージ」[1]と呼ばれる問題から，近年の従軍慰安婦問題，南京大虐殺問題，沖縄戦「集団自決」における国家関与問題など，危惧が現実化したと思われる事例は枚挙に暇がない。

2　教科書検定の歴史

教科書検定制度の歴史を簡単に振り返るとおよそ次のようになる。

1872（明治5）年，「学制」によって日本の近代的学校制度がスタートした。この時期は，文部省が海外の教科書を翻訳して使用するいわゆる「翻訳教科書」の時代であったため，教科書についての特別な規制はなく，1880（明治13）年の布達により，不適当と認めた教科書の使用を禁止した。

1883（明治16）年の布達により，小学校，府県立中学校，師範学校等の教科書が認可制とされた。しかし検定そのものは厳しいものではなく，不適切な教科書の使用を排除することが目的であった。

1886（明治19）年，教科用図書検定条令により小学校・中学校・師範学校の教科書の検定が行われる（小学校令第13条，中学校令第8条）。同検定条令は翌1887年5月に教科用図書検定規則に改正されるが，いずれも不適切な教科書を排除する消極的なものであった。

1902（明治35）年，教科書疑獄事件が起こり，検定制度に対する政府の批判が高まる。この事件をうけ，翌1903年から小学校教科書が国定制度となる。しかし中等学校の教科書については検定制が維持された。

1943（昭和18）年，中等学校令第12条で，原則として文部省著作教科書の使用が義務づけられた。

戦後改革期，『アメリカ教育使節団報告書』は教科書の自由発行・自由採択を提言したが，結果的には検定制がとられることとなった。1947（昭和22）年12月，文部省内に教科用図書委員会が設置され，検定基準の作成，検定手続の改正などを審議し，1949年度使用教科書から検定を開始することが決定された。1948年4月には教科用図書検定規則（文部省令）が制定され検定制度の骨格が整っていく。

検定制度スタート時，教育委員会法は，教科用図書の検定及び採択の事務を都道府県教育委員会に行わせることを予定していた（第45条から第49条）。しかし教育委員会制度が整備されるまでは「従前の例により，各担当機関がこれを行う」（第71条）とされ，文部大臣による検定制度が維持されることとされた

(第86条)。しかし，1953（昭和28）年に学校教育法第21条が改正され，検定権限が文部大臣に与えられることとなった。

教科書の記述をめぐっては政治問題化することもあった。1955（昭和30）年に当時の民主党が発表した「うれうべき教科書の問題」は，当時使用されていた教科書に対する批判を展開していた。政党が教科書記述（教育内容）に直接的に発言することは教育の中立性を侵すことになるとの強い批判がなされた。

1956（昭和31）年，教科書法案が教育三法案の1つとして国会に上程された。結果的には廃案となり，同時に提案された地方教育行政の組織及び運営に関する法律案だけが成立する。この結果，教科書法案の内容は政令・省令により実質的に実現される体制が整い，検定制度は整備・拡充の方向をとった。

教科書検定の違憲・違法性を問う裁判（家永教科書裁判）も提訴され，教科書検定制度のあり方が社会問題化する。

その後，1977（昭和52）年，教科用図書検定規則が全面改正されるなど，検定制度に修正が加えられていく。

1980年代になると，中央教育審議会答申「教科書のあり方について」(1983年）に続いて，臨時教育審議会第三次答申が発表され，新しい検定制度が提言される。

1989（平成元）年4月，教科用図書検定規則，教科用図書検定基準が制定され，すでに述べたように従来の検定手続きが簡素化され現在にいたっている。

3　教科書の採択

検定を合格する教科書は複数に及ぶ。そのなかから実際にどの教科書を使用するかを決定するのが教科書採択である。採択の流れは，資料編の「教科書検定の手続き」を参照されたい。

教科書の採択権を明確に規定した法律はないが，学校教育法第37条11項に「教諭は，児童の教育をつかさどる」と規定されていることなどから，教育に直接携わる教員が使用する教科書を採択することが望ましいと考えられる。しかし，地方教育行政の組織及び運営に関する法律第23条6項は「教科書そ

の他の教材の取扱いに関すること」を教育委員会の職務権限の1つとしており，教科書の発行に関する臨時措置法第7条1項に「市町村の教育委員会，学校教育法（昭和22年法律第26号）第2条第2項に規定する国立学校及び私立学校の長は，採択した教科書の需要数を，都道府県の教育委員会に報告しなければならない」とあることから，教科書採択権は学校設置者の教育委員会にあるとするのが行政解釈である。

なお，教科書の採択区域は義務教育諸学校の教科用図書の無償措置に関する法律（2014年一部改正）第12条により，都道府県教育委員会が「市町村の区域又はこれらの区域を併せた地域に，教科用図書採択地区（以下この章において「採択地区」という。）を設定しなければならない」とされている。

4　教科書の使用

学校の教員は授業の際に必ず教科書を使用しなければならないのだろうか。これは「教科書使用義務」として法的に問題になっている点である。

学校教育法第34条1項は，「小学校においては，文部科学大臣の検定を経た教科用図書又は文部科学省が著作の名義を有する教育用図書を使用しなければならない」と規定し，同条は中学校，高等学校にも準用される（同法第49条，第62条）。なお，同条第2項は「前項の教科用図書以外の図書その他の教材で，有益適切なものは，これを使用することができる」と規定し，教科用図書以外の図書の使用も認めている。しかし，学校教育法は教科書や教科用図書の定義を行っておらず，統一的な定義はない。ただし，教科書の発行に関する臨時措置法第2条は次のように教科書を定義している。

> 「この法律において「教科書」とは，小学校，中学校，高等学校，中等教育学校及びこれらに準ずる学校において，教育課程の構成に応じて組織排列された教科の主たる教材として，教授の用に供せられる児童又は生徒用図書であつて，文部科学大臣の検定を経たもの又は文部科学省が著作の名義を有するものをいう。」

さて，教科書の使用義務であるが，これについては使用を義務とする見解（使

用義務説）と使用を任意とする見解（使用義務否定説）とが対立している。

　まず使用義務説であるが，これは学校においては必ず検定教科書または文部省著作教科書を使用しなければならないとするものである。行政解釈はこの説をとり，その根拠として，上記の学校教育法をあげている。

　次に使用義務否定説は，教科書を使用するか否かは任意であって，使用する場合には，検定教科書または文部省著作教科書でなければならないとするものである。教科書を唯一の教材とせず，主たる教材と位置づける考え方からすれば，また，教師は児童・生徒の成長・発達に応じた教材を選定すべきであり，それにもっともふさわしいのは専門家としての教師であると考えるのであれば，教師がその判断に基づいて教科書を使用しないことも認められるべきであろう。

　このことは，ILO・ユネスコ「教員の地位に関する勧告」(1966年10月）でも積極的に承認されている。

　「61　教育職は専門職としての職務の遂行にあたって学問上の自由を享受すべきである。教員は生徒に最も適した教材および方法を判断するための格別の資格を認められたものであるから，承認された計画の枠内で，教育当局の援助を受けて教材の選択と採用，教科書の選択，教育方法の採用などについて不可欠な役割を与えられるべきである。」

　また，教科書裁判の杉本判決（東京地裁，1970年7月17日）も「教師に児童，生徒にもっとも適した教材および方法を判断する適格が認められるべき」であるとし，「国が教師に対し一方的に教科書の使用を義務づけ」ることは教育の自由に照らして妥当ではないと判断している。

　以上のように，教科書の使用を無条件に義務づけることには問題があるといわざるをえないが，そのことは教科書の教材としての意味を否定することではない。教授・学習活動を円滑に行い，その効果を最大限とする教科書・教材のあり方は常に問われなければならない。

４　学校での教育課程管理・運営

　教育課程は学校での教育実践として展開されてはじめて意味をなす。この点

に関しては第4章にゆずり，本節では学校教育の実際にかかわるいくつかの点について法令を中心として紹介する。

1　学級編制・学年・学期・休業日

　学校の学級は原則として同学年の児童・生徒によって編制されなければならないが，特別の事情がある場合には数学年の児童・生徒を1学級に編制することができる（小学校設置基準第5条，中学校設置基準第5条）。

　小学校の学級数は12学級以上18学級以下を標準とする。しかしこれも地域の実態などによって弾力的に運営される（学校教育法施行規則第41条）。

　1学級の児童・生徒数は40人以下とされ（小学校設置基準第4条，中学校設置基準第4条），「40人学級」と呼ばれる（小学校第1学年のみは35人学級）。

　学級編制は都道府県教育委員会の定める基準に従って，市町村教育委員会が行う。

　特別支援学校については，学校教育法によって都道府県が設置者とされ（第80条），小学部と中学部を置かなければならないとされている（第76条第1項）。ただし，幼稚部又は高等部を置くこともでき，逆に，特別の必要のある場合においては，小学部や中学部を置かないで幼稚部または高等部のみを置くこともできる（同条第2項）。特別支援学校の小学部・中学部の教科，高等部の学科・教科または幼稚部の保育内容は，小学校，中学校，高等学校又は幼稚園に準じて，文部科学大臣が定めることとされている（同法第77条）。

　小学校の学年は4月1日に始まり，翌年の3月31日で終わることが学校教育法施行規則第59条に明記されている（同規則第79条，第104条で中学校，高等学校にも準用）。しかし大学については9月ないし10月入学も検討されている。

　大学を除く公立学校の学期，夏期・冬期・学年末・農繁期などの休業日は，各学校を設置する教育委員会が定める（学校教育法施行令第29条）。また，授業の開始時刻・終了時刻は校長が定めることとされている（学校教育法施行規則第60条）。校長は，非常変災時などの場合には臨時に授業を行わないこと（学校教育法施行規則第63条），また，伝染病予防のために必要な場合には学校の一部ま

たは全部を休業にすることができる（学校保健安全法第20条）。

2　学校表簿

　学校教育法施行規則第28条は学校に備えておかなければならない表簿として，① 学校に関係のある法令，② 学則，日課表，教科用図書配当表，学校医執務記録簿，学校歯科医執務記録簿，学校薬剤師執務記録簿及び学校日誌，③ 職員の名簿，履歴書，出勤簿並びに担任学級，担任の教科又は科目及び時間表，④ 指導要録，その写し及び抄本並びに出席簿及び健康診断に関する表簿，⑤ 入学者の選抜及び成績考査に関する表簿，⑥ 資産原簿，出納簿及び経費の予算決算についての帳簿並びに図書機械器具，標本，模型等の教具の目録，⑦ 往復文書処理簿などを指定している。これら表簿の管理については個人情報保護の観点から慎重・厳重であることが求められるのはもちろん，教職員には守秘義務が課されている。

　なお，上の表簿のうち指導要録は，児童・生徒の学習・生活など，学校生活全般にわかる記録であるとともに，対外的な正規の証明書類でもある。校長は指導要録の作成を義務づけられ，児童・生徒の進学・転学にあたっては進学・転学先の校長に指導要録の抄本または写しを送付することも義務づけられている（学校教育法施行規則第24条）。

　学校教育法施行規則第28条に掲げられた学校表簿の保存期間も定められており，特別な規定がないものについては5年間とされている。しかし，指導要録とその写しのうち，入学・卒業等の学籍に関する記録については，保存期間が20年とされている（同条2項）。

おわりに

　以上，教育課程にかかわる法令を紹介してきた。学校教育は法令なしには存在しないといえるが，法令があれば学校教育のすべてが決定されるわけでもない。法令の遵守は必要だが，学校を法令にあわせるのではなく，学校の現状にみあった法令を検討することも必要である。すべては子どもたちの教育を受け

る権利の保障，子どもたちの成長・発達を豊かなものとするためにあることを忘れてはならない。

【藤本　典裕】

注
（1）　1956年度教科書検定における調査員F（高山岩男）の検定意見に以下のものがあり問題とされた。「歴史についての記述が，全体的に科学的すぎる」「太平洋戦争については，日本の悪口はあまり書かないで，それが事実であっても，ロマンチックに表現すべきである」。

考えてみよう
1．学校の教育課程を規定している法令をもう一度整理してみよう。
2．学習指導要領の歴史とその変遷，また問題点などを考えてみよう。
3．学校教育における教科書の意味を考えてみよう。

参考文献
『幼稚園教育要領』『小学校学習指導要領』『中学校学習指導要領』『高等学校学習指導要領』『特別支援学校学習指導要領』。
柴田義松編『教育課程』学文社，2006年。
中留武昭編著『カリキュラムマネジメントの定着過程』教育開発研究所，2005年。
勝野正章・藤本典裕編『教育行政学』学文社，2005年。

第4章 教育課程の経営と評価

1 「教育課程経営」から「カリキュラム・マネジメント」へ

1 学校経営と教育課程──「管理」か「経営」か

　教育課程の編成から改善に至る営みは，かつては「教育課程経営」と称されていた。それはたとえば，経営学でいう PDS (Plan-Do-See) あるいは PDCA (Plan-Do-Check-Action) サイクル (PDSI; Plan-Do-See-Improvement, サイクルといわれることもある) になぞらえて「教育課程の編成（計画）・実施・評価・改善行動にいたる一連の活動」と理解されてきた。

　しかし，伊藤和衛が経営学の知見を援用して「経営体の政策決定，生産・販売・財務・組織および執行等についての終局的機能」を「経営」と呼び，「経営によってきめられた範囲内における政策執行に関する職能」を「管理」と呼ぶ語法[1]に従うならば，「管理」と区別される，一定の政策決定を含む「経営」が教育課程について多くの学校で実践上の課題になった（あるいはそう主張されるようになった）のは，比較的最近のことである。

　というのは，とくに義務教育段階では，1958（昭和33）年版学習指導要領以降，教育課程の領域構成や個々の時数・内容はおおむね各学校共通であったからである。いささか極端にいってしまえば，教育委員会への届出にむけて法令等にそった枠組みを整えていく「管理」と，個々の教師および教師集団による「教育実践」との総和から区別される「経営」は必ずしも明確に意識されてこなかったのである。ちなみに，上記の伊藤（1960年代から「学校経営の近代化」を説いたことで著名な）が，教育課程については「経営」ではなく，もっぱら「管理」の語を用いていたのはこうした事情の反映であろう。

2 政策動向の変容と「カリキュラム・マネジメント」の登場
(1) 「特色ある学校づくり」の推進

こうした状況は，次のような政策動向をうけて変化してきた。第1に，1998年7月の教育課程審議会[2]答申「幼稚園，小学校，中学校，高等学校，盲学校，聾学校及び養護学校の教育課程の基準の改善について」，同9月の中央教育審議会答申「今後の地方教育行政の在り方について」において「特色ある学校（教育）づくり」が提唱され，一定の制度改変が行われたことである。

第2に，学校制度の多様化が進行したことである。まず，1998（平成10）年の学校教育法改正をうけて，「中高一貫教育」が選択的に導入され，選択教科の時数弾力化（全種類），教科・領域間や学校段階間の教育内容の入れ替え（中等教育学校，併設型中学校・高校のみ）などの特例が認められるようになった。学習指導要領の規制がさらに大幅に緩和される制度としては，2002年度には，スーパー・サイエンス・ハイスクール（SSH），スーパー・イングリッシュ・ランゲージ・ハイスクール（SELHi）という高校の新たな指定校制度が開始された（後者は，2014年度からはスーパー・グローバル・ハイスクール〔SGH〕）。さらに2003（平成15）年度からは，「構造改革特区」制度を利用した研究開発学校（特区研究開発学校，略称「特区研開」）制度が発足した。

ちなみに，従来型の研究開発学校制度（1976年発足）と特区研開は，いずれも学習指導要領の規制をはずした独自の教育課程を編成して研究開発を行うことが可能である（ただし前者について，幼稚園は幼稚園教育要領の枠内）が，前者が研究テーマに対して期限つき（原則4年間）で研究開発に取り組むのに対し，後者は設置者（公立の場合は地方自治体）が課題を設定して内閣府に申請して，総理大臣から認可を受けるものであり，一定の期間の後に評価を行って必要な措置を講じるという相違がある[3]。

「必要な措置」とは具体的には，全国的な展開が可能と判断されたものについては，2008年度に発足した教育課程特例校制度（設置者が申請し，文部科学大臣が認可）に移行する，法令上制度化するなどのことである。前者の代表的な例としては，2008（平成20）年版学習指導要領のもとでの小学校英語教育（中学

年以下での実施,教科化など),後者の代表的な例としては「義務教育学校」発足以前の小中一貫教育などがある。

　第3に,上記「地方教育行政」答申をうけ,まず義務教育諸学校での「通学区域の弾力化」,すなわち教育委員会が指定した就学校を保護者の申立により変更できる制度(学校教育法施行令第8条)の適用範囲の拡大が行われた。それに続き,「学校選択制」,すなわち,事後の指定校変更ではなく,あらかじめ保護者に意見聴取して就学希望校を選択させることができる制度(学校教育法施行規則第32条)が,1998年度,三重県紀宝町立小学校を皮切りに,都市部を中心に導入が進んだ[4]。こうした一連の政策動向により,当該経営体の供給するサービスを同業の他経営体のそれから差別化し,消費者に選好させるという,営利企業のそれに比せられるような意味での「経営」が公立学校とその教育課程について強く意識されるようになったのである。

(2) 「学校評価」の推進とマネジメント・サイクルの浸透

　もちろん,実際に学校選択制を導入したり,特区研発など特例措置を講じたりしている自治体・学校は少数である。学校選択制や一連の特例措置の有無にかかわらず,一般的な公立学校も含めて教育課程経営をクローズアップさせた第4の,そして最大の要因として,「学校評価」の導入とその浸透があげられる。1990年代以降,大学で「自己点検・自己評価」「外部評価」「第三者機関による評価」が相ついで導入されたあとをうけて,2002(平成14)年には「学校設置基準」が新設(小・中学校)あるいは改訂(幼稚園・高校)されて,「自己評価」とその結果の公表が努力義務になった。

　そのことと前後して,多数の学校で,上述のPDCAサイクル,すなわち計画・目標設定－実践－評価－評価結果に基づく改善行動,というマネジメント・サイクルの展開が呼号されるようになったのである。さらに,2007年の法改正で学校評価についての規定は学校教育法および同施行規則に昇格した(内容は後述)。また,2008年1月の中央教育審議会答申「幼稚園,小学校,中学校,高等学校及び特別支援学校の学習指導要領等の改善について」では,「教育課程行政のPDCAサイクル」が提唱されるとともに,これと各学校のサイクル

との連携が主張されることになった。

こうした一連の動きにつれて、2000年前後から、「教育課程経営」よりは「カリキュラム・マネジメント（curriculum management）」という用語が用いられるようになってきた。そこで以下、本章でもカリキュラム・マネジメントの語を用いる。

2 「学校評価」型カリキュラム・マネジメントの流れ

1 「学校評価ガイドライン」と関連法制

2002年度から高校以下の学校において自己評価の実施と結果公表が努力義務とされて以降、政府・文科省および地方教委は学校評価についての制度の整備を重ねてきた。とくに、2006年3月に文科省が公表した「義務教育諸学校における学校評価ガイドライン」は、2007年の学校教育法・同施行規則改正をふまえ、2008年に改訂され、高校および特別支援学校を包括した「学校評価ガイドライン」（以下「ガイドライン」）となった（幼稚園は別）。さらに、2010年には「第三者評価」に関する記載を追加する改訂、2016年には「義務教育学校」に関する記載を追加する改訂が行われ、現在に至っている。現行法制下においては、この「ガイドライン」に示された学校評価の枠組みが、各学校のカリキュラム・マネジメントを強く規定することになる。

学校評価に関する最上位の規定は学校教育法第42条（文部科学大臣の定めによる学校評価を通じた教育水準向上を努力義務として規定）であるが、より具体的には、学校教育法施行規則が、①適切な項目による自己評価の実施と結果公表を義務として規定（第66条）、②自己評価結果をふまえた保護者その他関係者による評価（学校関係者評価）の実施と結果公表を努力義務として規定（第67条）、③前記2種の評価結果（②は実施した場合のみ）について設置者への報告を義務として規定（第68条）している。これら「自己評価」「学校関係者評価」に加え、現在法制化はされていないが、当該学校と直接関係のない専門家等による客観的な評価（第三者評価）が「ガイドライン」では提唱されている。順次みていこう。

2 自己評価

(1) 目標の設定と情報収集

「ガイドライン」は，学校経営を「教育課程・学習指導」「キャリア教育（進路指導）」「生徒指導」「保健管理」「安全管理」「特別支援教育」「組織運営」「研修（資質向上の取組）」「教育目標・学校評価」「情報提供」「保護者，地域住民との連携」「教育環境整備」という12分野に区分し，評価項目の事例をあげている（あくまで例示であり，具体的な領域等は教委，学校が定める）。

すべてについて詳細に紹介する紙幅はないが，本書の主題である「教育課程・学習指導」については，発問，板書など各教員の授業の実施方法，個に応じた指導の実施状況，ICTの活用状況など「各教科等の授業の状況」，教育課程の編成・実施についての教職員の共通理解，年間計画や週案の作成など教育課程管理，学力・体力についての把握（データとして各々に関する調査結果を含む）とそれに基づく取組みの状況，読書活動の推進，部活動など教科外・教育課程外も含めた「教育課程等の状況」が例示されている。

また，義務教育学校については「学年段階の区切りの柔軟な設定とそれらを踏まえた指導計画の実施状況」，「9年間の系統性・連続性を強化した教育課程・指導計画の実施状況」，「学校独自の新教科や領域の指導の実施状況」，「系統性・連続性の強化による学力・学習状況調査の結果の改善」，「後期課程への進学に不安を覚える生徒への対応状況」などが「評価項目・指標等を検討する際の視点」として例示されている。また，小中一貫型小学校，中学校各々については，両校間の連携にかかわる組織運営上の工夫，両校教員の連携協力による指導の状況などが同様に例示されている。

次に，自己評価の具体的な手順をみよう。「ガイドライン」では，自己評価の手順を，「① 目標設定，② 自己評価の評価項目の設定，③ 継続的な情報・資料の収集・整理，④ 全方位的な点検・評価と日常的な点検，⑤ 自己評価の実施，⑥ 自己評価の取組等の随時の情報提供，⑦ 自己評価の結果の報告書の作成，⑧ 自己評価の結果の公表，報告書の設置者への提出，⑨ 評価の結果と改善方策に基づく取組」という9つの段階に区分している。

学校評価の法制化以前から，「学校教育目標」「学校経営方針」といったものはあったけれども，これらは通常方向目標的なものであった。これに対し，現在の学校評価での目標は，中期経営方針（3～5年程度のスパン）を単年度に分節化し，年ごとの重点を明確化したものである。その目標に基づいて，具体的な評価項目とその評価基準（A～Dなど4段階程度になることが多い），すなわち教育評価論でいうルーブリック（rubric，評価対象となる項目＝評価規準 criterion と，その達成状況の指標＝評価基準 standard とのセット）が定められる（①～②）。

　目標設定の際には，学校としての重点課題・特色，前年度の自己評価結果，保護者・地域の要望等を勘案することを求められている。さらに，義務教育学校にあっては「9年間の学びを通じて達成すべき目標を設定した上で，学年段階の区切りに応じた目標を設定することを基本」とし，小中一貫型の小，中学校それぞれについては，「両校間で適切に目標を共有することに加え，小学校における教育と中学校における教育を一貫して施す観点から，両校に共通した目標をその中に含めることを基本」とすることとされている。

　学校は，教育実践のプロセスで，上記の目標・評価項目に沿った情報を継続的に収集・整理し，教職員間で共有して実践に活用したり，保護者への情報提供に役立てたりする。その際にはもちろん，個人情報保護等には十分な注意が必要である。なお，上述のように，学校評価の規準となる項目は通常重点化されるため，これだけにこだわった評価では学校経営に偏りが生じる恐れがある。そのため，「ガイドライン」では，たとえば数年に一度，重点目標のみにとらわれない「全方位的な点検・評価」を実施することを推奨している（③～④）。

(2) **自己評価の実施と結果公表，設置者への提出**

　さて，こうして収集された目標に基づいて自己評価が実施されるわけであるが，「ガイドライン」で想定され，また多くの学校で行われている自己評価は，年度半ばの「中間評価」と年度末の「自己評価」の2次にわたることが多い。これらの評価にあたっては，設定された評価項目に即して日常的に収集された情報とともに，児童・生徒，保護者，地域住民など関係者へのアンケートなど（かつてはこうしたアンケートの結果を「外部評価」と称する例もみられたが，現在こ

れは自己評価の資料として位置づけられている)の情報が総合される。

なお,「ガイドライン」ではこの際の留意事項として,目標の達成・未達成のみで教育活動を短絡的に判断しないこと,数値目標を用いる場合,数値の向上のみを自己目的化しないようにすること,などがあげられている(⑤)。

こうして実施された評価の結果は,最終的には報告書にまとめられ,設置者に提出されるとともに保護者・地域住民に公表されることになるが,それ以前にも,学校だより,ウェブサイトなどを通じて,随時保護者,地域住民に情報公開を行うことが求められる。

なお,自己評価報告書の内容には,自己評価の結果とそれへの分析とともに,今後へ向けての改善方策,学校関係者評価の結果(実施した場合)も含まれる。もちろん,報告書は公表が前提となるため,個人情報保護,安全確保等の観点から非公表とすることが妥当な情報はここには含まれない。また,設置者への提出にあたっては,児童・生徒,保護者等へのアンケート結果などより詳細な情報を添付することを「ガイドライン」は求めている(⑥～⑧)。

以上の作業の完了とともに,各学校は,評価の結果と改善方策にそって,翌年度にむけての取組みを開始することになる。その際,報告書の提出を受けた設置者は,各学校に対して必要な支援を行うことになっている(⑨)。

3 学校関係者評価および第三者評価

(1) 学校関係者評価

学校は,保護者,地域住民,青少年健全育成関係団体などからなる「学校関係者評価委員会」(以下「委員会」)を組織し,これに対して当該年度の重点目標,評価項目等についての説明を年度当初に行う。委員会はこれをうけて,授業等教育活動の観察,教職員や児童・生徒との対話などを行ったうえで,学校の自己評価の結果や改善方策,目標・評価項目のあり方などについて評価を行う。自己評価同様,学校関係者評価についても中間評価を行うことがある。

委員会は評価の結果を報告書にまとめて学校に提出する。学校はこれを,自己評価の結果とあわせて報告書にまとめ,設置者に提出するとともに,広く地

域に公表する。

(2) **第三者評価**

第三者評価について「ガイドライン」は,「学校とその設置者が実施者となり,学校運営に関する外部の専門家を中心とした評価者により,自己評価や学校関係者評価の実施状況も踏まえつつ,教育活動その他の学校運営の状況について専門的視点から評価を行うもの」としている。

とはいえ,現在,法令上は,大学および高等専門学校で外部専門機関による「認証評価」が義務として規定されている一方,高校以下では,厳密な意味での「専門家」を各学校や設置者が組織するのは困難なこともあり,一部研究指定校での試行[5]はあったものの,法令で規定されるには至っていない。「ガイドライン」では,こうした状況をふまえ,以下の3形態が例示されている。

○学校関係者評価の評価者の中に,学校運営に関する外部の専門家を加え,学校関係者評価と第三者評価の両方の性格を併せ持つ評価を行う。
○例えば中学校区単位などの,一定の地域内の複数の学校が協力して,互いの学校の教職員を第三者評価の評価者として評価を行う。
○学校運営に関する外部の専門家を中心とする評価チームを編成し,評価を行う。

ちなみに,ここでいう第3の形態での本格的な第三者評価が法制化されている国としては,たとえばイギリスが挙げられる[6]。

3 学校評価型カリキュラム・マネジメントの課題

1 学校評価の意義

さて,こうした学校評価は,カリキュラム・マネジメントに対していかなる意義を有しているのだろうか。第1に,従来行われてきた年度末の校務分掌や職員会議での総括が,明示的な評価指針を欠くことにより,印象批評に終わることも多かった点を改善する意味で,学校評価は一定の意義を有しうる。

第2に,外部評価者として保護者,地域住民を含めることにより,これらの人々から,学校の諸活動への単なる「協力」ではない,より積極的な参画をひ

きだす可能性もあるだろう。

　第3に，近隣の学校の教職員が相互に外部評価者として評価活動に参加するならば，学校評価は，専門職の資質向上に有効とされる相互評価（peer review）としての意義を有しうる。

2　学校評価の課題

　ただし，こうした可能性が開花するまでには，検討されるべき課題も数多く存在する。第1に，学校評価自体が，一般行政も含め，「説明責任」を重視する政策動向とともに登場したこともあり，評価指標が，アンケート結果の数値であったり各種調査結果であったりと，専門的知識をもたない保護者・地域住民にとっても「わかりやすい」ものに偏していることである。結果として，評価をふまえた「改善策」も，当該の数値を向上させるための対症療法的なものに偏する面があった。

　関連して第2に，ほとんどの場合，学校評価がルーブリックによる評定を中心とする（なにがしかのコメントは付されるにしても）ことに起因する問題がある。松下佳代は，「いったん数値化されたデータは……何段階にも縮約され，抽象化」され，その過程で「個々の子どもの指導に役立つ具体的な情報は失われていく」ことを，学力評価における「ルーブリックの陥穽」として指摘している[7]。同様のことは，学校評価とカリキュラム・マネジメントとの関係においてもいえるであろう。

　第3に，2010年代に入り，教員の世代交代（ベテラン層の大量退職と若年層の増加，中堅層の不足），全国学力・学習状況調査における質問紙調査の分析（あれこれの授業方法と成績とのクロス集計）の影響で，学習指導や生徒指導の方法を自治体レベル，学校レベルでいささか過剰に統一する，「スタンダード化」と呼ばれる現象が広がり，それが学校評価にも波及しているという問題がある。たとえば，1時間ごとの授業での「めあて」の提示や「まとめ」，「振り返り」の実施率，「無言清掃」を実施する児童・生徒の比率などを学校評価の指標にするなどがこれにあたる。これら指標の「向上」が教育の質の改善を意味するの

かどうかは一考を要するところである。

　第4に，「ガイドライン」型の学校評価が教育課程を領域等に区分し，各々について評価項目を設定するという形をとるため，評価結果に基づく改善の取組みが，項目ごとのバラバラなものになりがちだという問題点がある。この点を克服するにあたっては，学校評価導入以前からの教育課程経営の実践に学ぶところが多分にある。たとえば，子どもの「荒れ」や教職員と子どもとのディスコミュニケーションに対して，対症療法的な「生徒指導」や個々の教師の奮闘でなく，学力づくり[8]，スピーチ活動[9]など全校的な教育課程上の核をつくることでむきあった実践などは，学校の現状に対する評価（ただし抽象的な「評定」ではなく，教師集団の実践知に基づく「解釈」的なそれ）が実践へとフィードバックされた好例であろう。

4　教育改革の動向とカリキュラム・マネジメント

1　2017年版学習指導要領におけるカリキュラム・マネジメント

　さて，ここまで述べてきたように，カリキュラム・マネジメントを中心とした学校経営において，2000年前後以降，学校評価をテコとしたPDCAサイクルの展開が強調されてきた。

　一方で，2017年の学習指導要領改訂では，カリキュラム・マネジメントのPDCAサイクルへの一面化に対する一定の批判意識がうかがえる。次にそれを概観しよう。

　上記学習指導要領の方向性を提示した中教審答申「幼稚園，小学校，中学校，高等学校及び特別支援学校の学習指導要領等の改善及び必要な方策等について」（2016年12月），さらに小学校・中学校学習指導要領総則では，カリキュラム・マネジメントを「児童〔生徒〕や学校，地域の実態を適切に把握し，教育の目的や目標の実現に必要な教育の内容等を教科等横断的な視点で組み立てていくこと，教育課程の実施状況を評価してその改善を図っていくこと，教育課程の実施に必要な人的又は物的な体制を確保するとともにその改善を図っていくことなどを通して，教育課程に基づき組織的かつ計画的に各学校の教育活動

の質の向上を図っていくこと」と規定したうえで，各学校にその実施に努めるよう求めている。

つまり，従来のカリキュラム・マネジメントについての受容と実践が「教育課程の実施状況の評価・改善」に偏していたことを改め，「教育内容の教科等横断的な組み立て」(アラインメント)，「人的・物的リソースの確保・改善」という2側面の重要性を強調することになったわけである。ちなみに，小・中学校学習指導要領と同時に公示された幼稚園教育要領総則にも，第1の側面を「『幼児期の終わりまでに育ってほしい姿』を踏まえ教育課程を編成すること」と変更したうえで，同様の記述が置かれている。

さらに，前述の学校評価についても，「教育課程の編成，実施，改善が教育活動や学校運営の中核となることを踏まえ，カリキュラム・マネジメントと関連付けながら実施するよう留意する」ことを求めている。

こうした状況とも呼応して，現場でのカリキュラム・マネジメントを支援するツールも考案されている。たとえば田村知子は，学校内の教育活動にかかわる「教育目標の具現化」，「カリキュラムのPDCA」（このうちDには「単元や授業のPDCA」が含まれる），経営活動にかかわる「組織構造」，「学校文化（＋個人的価値観）」，教育活動と経営活動をつなぐ「リーダー」と，学校外の「家庭・地域社会等」，「教育課程行政」と行った諸要素間の関連構造を整理した「カリキュラムマネジメント・モデル」と，モデルに基づく各要素の評価のためのチェックリストを提案している[10]。

ただし，「ガイドライン」型のカリキュラム評価にせよ，カリキュラムマネジメント・モデルによるカリキュラム評価にせよ，「相対的に評価の低い項目について個別に改善を施す」という手法は，カリキュラムの本質的な改善には必ずしもつながらず，何らかの視点での「重点化」が必要となる。

たとえば，群馬県前橋市などいくつかの地域では，学校評価のための教職員や保護者へのアンケートにおいて，各項目の「重要度」と「実現度」とを組み合わせて「ニーズ度」を算出し，改善行動の指針を得ている。

具体的には，回答者に対し，各々の項目の重要度，実現度について，それぞ

れ7点満点の4段階（7，5，3，1点）で評価を求めたうえで，「重要度の平均値×（8－実現度の平均値）」で算出した数値がニーズ度となる。ニーズ度は，各当事者が重要度が高いと考えるほど，また実現度が低いと考えるほど高い数値になる。このため，ニーズ度が高い評価項目が，緊急に改善すべきものである可能性が高いと考えられる。

一方，前出の田村は，ピーター・センゲらの議論を参照しつつ，「相対的に小さな行動で大きな結果を生み出せる場」である「レバレッジ・ポイント」に注目する必要性を指摘している[11]。すなわち，テコの原理でいう「作用点」にあたる箇所がどこかを見出すことが重要になるというわけである。

もう1点，評価結果から改善行動につなげていく際の留意点を述べておく。「全国学力・学習状況調査」などで，児童・生徒の学力と生活習慣の相関がクローズアップされたり，キャリア教育において「将来の夢，就きたい職業について考えること」の重要性が強調されたりしたこともあり，学校評価用の保護者アンケートでも，「朝食を毎日食べているか」，「将来の夢について家庭で話しているか」などの項目が含められることが多くなっている。

しかし，こうした調査結果のフィードバックは往々にして，「これこれの項目での肯定的な回答が少なかったので，ご家庭でもご協力をお願いします」式の，いささか説教じみたものになりがちである。たとえば朝食その他の生活習慣であれば，肯定的な回答を寄せていない家庭には，単なる怠慢ではない事情が伏在している可能性も考えられる。また「将来の夢」であれば，自身はキャリア教育を受けていない保護者に対して，単に「お子さんと将来の夢を語り合ってください」と求めるだけでは実効性は乏しい。家庭・保護者の抱える困難に即した，より具体的な支援策を考えていく必要がある。

2 学校は「マネジメント」の主体たりうるか

一方で，以上のような状況が，実際に現場でのカリキュラム・マネジメントの改善につながりうるかについては，検討すべき課題も残されている。

第1に，現在の制度的枠組みの中で，学校は本当に「管理」を超えた「経営」

の主体たりうるのか,という疑念である。たとえばPDCAサイクルは,元来企業経営について提起された概念であるが,企業の場合は,目標設定から経営の実施,成果の評価にいたるまで,当該企業が相当の自律性を有している。

これに対して学校は,カリキュラム・マネジメントにおいてそこまでの自律性を与えられているだろうか。2008年版の学習指導要領は,「重点指導事項例」の提示や「基礎・基本」「思考力・判断力・表現力等」それぞれの育成場面での指導方法の例示など,学習指導要領自体が従来以上に処方的(prescriptive)になっていたが,2017年版はさらに,「必要な学習内容をどのように学び,どのような資質・能力を身につけられるようにするのか」(学習指導要領前文)といった形で,教育方法や学びのあり方に踏み込んだ「基準」を志向している。こうしたもとで,個々の学校が目標・計画立案(P)に対する実質的な自主性をもちうる余地がどの程度あるかは心許ない。

また評価(C)についても,学習指導面では「全国学力・学習状況調査」や自治体(都道府県,市町村)レベルでの悉皆(当該学年等の全員対象)学力調査での通過率が重視される傾向が強まっている。また生徒指導・生活指導面でも,自治体・教委が詳細な目標・評価項目の設定を行うケースが増加してきている。したがって,目標設定にせよ成果の評価にせよ,学校の「自主性」は,国・自治体によって与えられた目標の組み合わせ方や達成基準の設定における若干の裁量など,きわめて限定的なところでしか発揮されないおそれがある。

3　学校役割の変容・拡大

第2に,学校教員の労働条件の劣悪さが指摘され,「学校における働き方改革に関する緊急対策」が文部科学大臣決定される(2017年12月)などの一方で,2017年版学習指導要領では,各学校段階での英語教育強化や小学校でのプログラミング教育導入など,一層の過密化が進行している。また,子どもの貧困対策や地域創生などの政策課題との関連でも,学校の役割が強調されている。

たとえば,「子供の貧困対策に関する大綱〜全ての子供たちが夢と希望を持って成長していける社会の実現を目指して〜」(閣議決定,2014年8月)は,学校

を子どもの貧困対策の「プラットフォーム」と規定し，また中教審答申「チームとしての学校の在り方と今後の改善方策について」(2015年12月)は，スクールカウンセラー，スクールソーシャルワーカーなど外部専門家を「チーム学校」のメンバーと位置づけ，これら専門家との連携を学校に求めている。

もちろん，子どもの福祉において学校が一定の役割を果たすことは当然ではあるが，たとえばスクールソーシャルワーカーを導入したからといって，福祉関連の業務がそこだけで担えるわけではなく，教員の積極的な関与は不可欠である。こうしたことも踏まえた制度設計が現時点でなされているとはおよそいえず，早急に改善が求められるところである。

一体に，近年の「教育改革」にあっては，「これからの社会(を生きる者)にとって必要」とされることを総花的にもりこむ傾向が顕著である。そこでは，新たな教育内容や取組みは基本的に「良きもの」とされ，それら自体がそもそも適切であるかについて問われることはほとんどない。しかし，たとえば1998年版学習指導要領をめぐる混乱(「ゆとり教育」批判を受けての文科省の方針のブレ，全面実施後2年足らずでの一部改正)にみられるように，教育政策自体，決して無謬ではない。その意味では，教育課程の実施状況における「望ましくない」結果の原因を，教師たちの実践の不十分さに一面的に帰属させるのではなく，目標自体の妥当性の問い直しというベクトルが，今後ますます重要になってくるのではないだろうか。

4　カリキュラム・マネジメントの今後

ここまでの叙述は，現在の教育課程政策に対して過度に批判的だとの印象を与えたかもしれない。しかし，学習指導要領やそれに基づくカリキュラム・マネジメントの枠組みが精緻化されるほどに，個々の学校・教師集団のしごとが，終局的な政策決定を含む「経営」から，所与の枠組みの中での政策執行という「管理」へと近づいていくという危険性が大きくなることは否定しがたい。

こうした危険性を回避する可能性の端緒を，あえて2017年版学習指導要領のなかに求めるならば，前述のカリキュラム・マネジメントの3側面のうちの

第1のもの，すなわち「児童〔生徒〕や学校，地域の実態を適切に把握し，教育の目的や目標の実現に必要な教育の内容等を教科等横断的な視点で組み立てていくこと」が注目される。

　学校評価型のカリキュラム・マネジメントでは，「教育課程の実施状況」，「目標の実現状況」といった言い回しに象徴されるように，教育課程の基準としての学習指導要領に盛られた目標・内容自体の妥当性が問われることはほとんどなかった。しかし，学校現場においては，子どもの実態からの教育内容，教科書等の批判的な問い直しが行われている。

　たとえば石垣雅也らは，子どもがつまずきやすく，教師にとっても教えにくい教育内容や教科書単元について，職場を超えて共同で検討し，子どもの実態に即した単元開発を行う取組みを報告している[12]。

　また，「総合的な学習の時間」，「キャリア教育」といった教科横断的な領域や教育内容を舞台として，既存の教育活動を整理・統合したり，新たな教育活動や学校内外のリソースを開拓したりといった取組みも各地でみられる[13]。こうした，学校評価型ではカバーできていなかったレベルのカリキュラム・マネジメントが，「教科等横断的な視点」での「教育内容の組み立て」の強調のもとで進行していくならば，教育課程の質的向上につながる可能性は大いにある。ただしその際の「評価」においては，学力調査やアンケート結果といった量的データだけでなく，子どもの実態や教師にとっての手応えなどの情報が重視されることになる。

【山崎雄介】

注
（1）　伊藤和衞『教育課程の目標管理入門』明治図書，1981年，22頁。傍点引用者。
（2）　2001年の省庁再編にともない中央教育審議会に統合され，機能は同審議会，とくに初等中等教育分科会教育課程部会にひきつがれた。
（3）　特区研発の教育課程経営の事例として，たとえば亀井浩明監修・品川区立小中一貫校日野学園著『小中一貫の学校づくり』教育出版，2007年などを参照。
（4）　嶺井正也・中川登志男『学校選択と教育バウチャー』八月書館，2007年，8頁。
（5）　窪田眞二・加須南小学校学校評価委員会編著『学校第三者評価の進め方　加須南小学校の実践』学陽書房，2005年，113-116頁。

（6） 高妻紳二郎『イギリス視学制度に関する研究―第三者による学校評価の伝統と革新』多賀出版，2007年など参照．
（7） 松下佳代「パフォーマンスと学力」耳塚寛明・牧野カツコ編著『学力とトランジッションの危機』金子書房，2007年，44頁．
（8） 久保齋『学力づくりで学校を変える』子どもの未来社，2002年．
（9） 中妻雅彦『スピーチ活動でどの子も伸びる』ふきのとう書房，2003年．
（10） 田村知子「カリキュラムマネジメントの全体構造を利用した実態分析」，同ほか編著『カリキュラムマネジメント・ハンドブック』ぎょうせい，2016年，36-51頁．
（11） 田村，同上論文，41-42頁．
（12） 石垣雅也「子どもの声が生まれる教室と主権者教育」『教育』2016年8月号，20-26頁．
（13） 筆者が大学院指導教員としてかかわった実践として，たとえば大川紀章「学校・家庭・地域をもとに進めるキャリア教育の実践研究」，2013年（群馬大学教職大学院課題研究報告書．要旨はウェブ公開あり）．

考えてみよう

1．自分の住んでいる（通学している）自治体の「学校評価」の項目と他地域のそれとを学校ウェブサイトなどを利用して比較し，共通点や相違点を整理してみよう．
2．「学校づくり」「教育課程づくり」にかかわる実践記録（たとえば本章の注（3）（8）（9）（12）（13）に示したものなど）を読み，そこでのカリキュラム・マネジメントを相互に比較して特徴を整理してみよう．

参考文献

中留武昭編著『カリキュラムマネジメントの定着過程』教育開発研究所，2005年．
田中耕治編『カリキュラムをつくる教師の力量形成』教育開発研究所，2006年．
山崎雄介「カリキュラム・マネジメント」『教育』No.883，2019年，pp.65-71．

第5章 欧米社会における教育課程の系譜

1 近代以前の教育課程

1 自由教育（教養主義）の系譜——七自由科

　他の多くの主題と同様に教育課程についてもまた，その思想的さらには実践的な淵源をたどろうとすると，やはり有力な故郷としての古代ギリシャに行き着くことになる。そこでは，個別の職業等に向けてではなく人間の一般性・普遍性に根ざした「自由教育（liberal education）」，すなわちその精神的・身体的な諸力を広く調和的・全面的に開花させた人間の形成＝教養を意味する「パイデイア（paideia）」の理念が芽ばえていた。具体的には，プラトン（Platon 前427-347）やアリストテレス（Aristoteles 前384-322）が哲学や数学，自然学，論理学などの観想的・哲学的教養を重視し，他方でイソクラテス（Isokrates 前436-338）ら一群の修辞学者たちは文学的・修辞学的教養を重視して，それぞれ学塾を創設したりカリキュラムを構想したりしていた。この「パイデイア」の理想は，古代ローマにおいては「フマニタス（humanitas/humanity）」と呼ばれて継承され，中世にいたって「七自由科（七自由学芸：seven liberal arts）」という教育課程へと具現化されることになる。

　「七自由科」は，文法・修辞学・論理学（弁証法）の「三科（三学：trivium）」と，算術・幾何・天文・音楽の「四科（四芸：quadrivium）」から構成される。前者「三科」は言語様式の構造を扱い，自由な言語表現を促しつつ知性を訓練する道具的なもの，後者「四科」は均衡と調和をもった事物の構造を扱い，物理的・社会的・文化的環境に関する理解を導くためのもの，と性格づけられていた。この「七自由科」は，やがて大学進学の準備教育や大学における一般教

養教育カリキュラムへと連なっていくが，それらを含めて古典教養的「自由教育」の理念は，ルネサンスの担い手である人文主義者や，下って18-19世紀に活躍した新人文主義者らによって担われ，相対する「実学主義（一般的な人格形成よりも，個別具体的な習得内容と実用性を重視する）」と拮抗しながら，西洋における教育課程論の主要な柱となっていくのである。

けれども，古代ギリシャはいうまでもなく，中世・近世を経て近代にいたるまで，こうした「自由教育」理念の恩恵に浴することとなったのは，ごく一握りの支配的身分あるいは富裕階級に属する人々・子どもたちのみであった。それでは，人口比でいえば大多数を占める庶民の子どもたちは，どのような状態におかれていただろうか。

2 「学校なき時代」の人間形成

「カリキュラム（教育課程）」といえば，狭義には，諸教科を中心とする教育内容の配置や教科外諸領域まで含めた全体教育計画およびその実施過程をさし，やや広義に「潜在的（latent）あるいは隠れた（hidden）カリキュラム」と呼ばれるものにまで眼を向けても，その範囲は学校生活を超え出ないのがほぼ通例のようである。今日的な学校教育の相対化を志向する「社会史」の視点から，学校教育普及以前の日常生活における人間形成の諸契機・過程に着眼し，それを学校以前の「カリキュラム」と呼んで対置する例（たとえば，中内敏夫編『民衆のカリキュラム 学校のカリキュラム』新評論, 1983年など）もあるが，稀である。しかし，学校のカリキュラムの成立や変動をとらえるうえで，どう呼ぶにせよ，それ以前や以外の（学校に拠らない）人間形成の状況と照合する作業は重要であると考える。

「社会史」家として名高いアリエス（Ariès, P.）は，中世には「子ども期（childhood）」という観念が基本的には存在していなかったと指摘する。子どもたちが無視され見捨てられていた，愛されていなかった，という意味ではない。子どもたちは危険に満ちた乳幼児の時期をすぎると，いわば「小さな大人」として，大人たちと仕事や遊び等の生活世界を共有していった。「大人」と二分割

され，質的に異なった「子ども」として表象されてはいなかった，という指摘である。そこには当然ながら学校も存在しない。

「学校なき時代」の子どもたちの人間形成に影響を及ぼしていたのは，まず家族であり，そして地域社会であった。しかし，そのいずれの姿も今日的なそれとはきわめて異なっている。

前近代の家族は多くの場合，複数の夫婦・親子関係を包含し，僕卑や奴隷もかかえ，今日から見ればいちじるしく拡大家族的な親族集団から形成されていた。そしてその家庭は，「全き家 (das ganz Haus)」と呼ばれるように，家父長を中心に，生産・政治・宗教などを含むさまざまな社会的機能をもった，それ自体が1つの小社会であった。そのうえ，弱からぬ規制力をもった村落共同体や教会がそうした家族を包囲している。前者は農業技術や水利施設などの共有母体であり，多彩な冠婚葬祭行事などもとおして，封建制のもとでの地域的な規範と秩序を保持していた。後者は絵画や彫刻に彩られた祈りと説教，告白の場として人々に内面の拠り所を提供し，あるいは寄り合い等の場として活用されるなど世俗的な貢献領域ももつ，地域の要所であった。職業的な技能や倫理の伝達・獲得のシステムである「徒弟制」を，それらに加えておく必要もあろう。以上のように点描される世界へ「小さな大人」として参入していくことをとおして，子どもたちは徐々に働き手として，また家政や地域生活の主体として必要な知識や技能，感性や規範，行動様式を身につけていったのである。

3 学校教育の出現・成立

庶民大衆までを裾野に含めて，学校という教育機関が出現してきた経緯やその歴史的な必然性に関しては，さまざまな理論的な説明がなされているが，その有力と思われる部分を総合すると，次のようにいうことができよう。すなわち学校は，基底的にはおそらく生産力の向上にともなって，世代間で伝達され蓄積される文化が高度化し，もはや自生的・無意図的なやり方で伝達されうる限界を超えたときに，意図的・組織的な文化伝達それ自体を目的として成立してきた，と。つまり，もっと粗雑にいえば，「働く」ことであれ「遊ぶ」こと

であれ，およそ「生きる」ことはその随所に自ずと「学ぶ」こと，「身につける」ことを未分化なかたちで現に内包している。「学校なき時代」の子どもたちの人間形成は，多分にそのようにしてとげられていた。そして，この「学ぶ」「身につける」べき内容＝文化が一定限度まで高度化した時点で，その「学ぶ」「身につける」こと（の一部）が独立・分化し，もっぱら「学ぶ」「身につける」場，すなわち学校が出現することになる。それは，裏を返すなら，「学ぶ」「身につける」ことを「働く」「遊ぶ」ことのうちに溶け合わせきって含み込んでいた「生きる」ことの豊かな全体性が損なわれてしまったことを意味する，といえば，しかし懐古的でありすぎるだろう。生産力の発展が不可逆的なものであるなら前近代への回帰志向は不毛でしかないし，この「生きる」ことの自然的で幸福な全体性——少なくとも，かつてのそれ——を保証していた家族や地域社会の枠組みは，同時に封建的な社会を強固に支える下位装置であり，身分的な仕切りのもとで弱者を支配・差別し隷属を強いるものでもあったことを忘れてはなるまい。

そして，後に見るとおり，「新教育」の実践や理論のなかで，学校のカリキュラムである「学ぶ」営みのなかに，「働く」や「遊ぶ」の要素が取り入れられる＝「生活」学校という現象も見られるのである。

4　庶民学校の教育課程

中世末期から近世にかけ，商品経済の浸透とともに，まず都市部で庶民の一部から文字や数の初歩的教育に対するニーズが生じ，それに応ずる「庶民学校」が出現してくることとなる。しかし，それらは，けっして速やかに制度的な整備を経たとはいえない。これらの学校は，学習者の就学パターンも不定期・不安定で，その期間も短く，施設や教師も良質とはいいがたいままの状況におかれ続ける。そのことは，これらの学校に対する「片隅学校（Winkelschule）」，「おかみさん学校（dame school）」等の侮蔑的な呼称からもうかがいしれよう。こうした「庶民学校」の管理と普及・拡充は，18-19世紀までもっぱら教会当局の手でなされており，その後に国家がその制度化・組織化に乗り出すことになる。

なお，この「庶民学校」の教育内容は，19世紀の半ば近くまで，いずれも初歩的な読み (reading)，書き (writing)・計算 (reckoning/arithmetic) という「3つのR (3R's)」に，せいぜいカテキズム (教理問答書) を用いた最低限の宗教教育が加えられる程度のまま，という状態であったとされる。

2 近代の学校教育と教育課程（論）

1 コメニウス——汎知体系と『世界図絵』

チェコのボヘミア同胞教団の牧師コメニウス (Comenius, J. A. 1592-1670) は，主著『大教授学』(1632年著, 1657年公刊) で「すべての人に，すべての事柄を教える，普遍妥当的な方法」の提示を試みた。時期として「近代」におくのは少々ためらわれるが，時代に先がけて近代的な国民学校制度を先取りするような議論を展開していたと見ることもできる。

「すべての人に」とは，身分や性別を超えた平等志向の強い思想であり，「母親学校」(-6歳) →「母国語学校」(7-12歳) →「ラテン語学校」(13-18歳) →「大学」(19-24歳) という「単線型」的な学制構想に加え，来世主義を背景とした「生涯学習」論に通じるような発想をもうかがうことができる。

カリキュラム論としてみた場合に，いっそう興味深いのが「すべての事柄」であり，これは，あらゆる知識を神のもとに系統化する「汎知体系」をさす。知識の習得から入って，それに裏打ちされた道徳，さらには信仰にいたる道筋を描くコメニウスの立場は主知主義 (知識重視) 的といえ，その体系化に力が注がれていた。この「汎知体系」を大づかみに見ると，自然界 (元素→その発展としての生物→人間) →人間界 (農業・生活→学芸→政治) →宗教界といった順に知識内容が並べられており，それぞれのまとまり (いわば「単元」) ごとに原理や系統性は感じられるが，それらが「教科」として分割されたりせずに，すべてがリニア (一元的, 直線的) に配列されている (次に見る『世界図絵』でも，計100余りの項目が一系列の通し番号で配置されている) のである。「教科」等への区分志向が薄い，という点でも特徴的なカリキュラムといえよう。

「……を教える，普遍妥当的な方法」について，『大教授学』は興味や感覚 (実

物）の重視，易から難へ，記憶先行でなく内容理解先行などの方法原則を語っているものの，「母親学校」年齢の子どもまで含めた教授法の具体像はイメージしづらい。それを補っているのが，世界で最初の絵入りの教科書とされる『世界図絵』(1658年公刊)だといえるかもしれない。まず絵に支えられて視覚的な「直観」が形成され，付された番号でキー・ワードが絵中の実物と対応づけられている母国語の文章，さらには母国語と対訳になっているラテン語の文章や，それに基づく概念的・理論的な学習や研究へと進む手順が示唆されている。

最後に，以上のような理想主義的な色合いの濃いコメニウスの構想が，17世紀前半を通じた戦争その他の愚行・惨禍のさ中で，その状況の打開・克服を願って提起されたものであることも確認しておきたい。

2 ルソー，ペスタロッチ，フレーベル——自己活動の尊重

フランスの哲学者ルソー（Rousseau, J. J. 1712-1778）の教育思想は，主に教育小説『エミール』(1760年完成，1762公刊)から読み取られている。彼の主張は「自然に還れ」と要約されることが多いが，その「自然」とは外的な（野や山の，緑の）自然である以上に，人間の生来的な善き本性としての内的な自然をさしている。近代人の危機を，自然本性である「自己愛」が肥大化しエゴイスティックな「利己心」へと堕してしまうことに見いだし，その堕落を喰い止めようとした教育思想，と要約することもできよう。そのため，エミールの教育に際しては，都市生活と人為的な学校教育が忌避され，農村での農耕を中心とした生活を通した自然本性の保全と伸長（そのための環境設計）がめざされている。それゆえ，教育思想として幾多の示唆に富み，子ども観・発達観や生活経験の意義づけなど後世に多大な影響を残したが，学校の教育課程（カリキュラム）に関する直接的な言及は少ない。

スイスの教育家ペスタロッチ（Pestalozzi, J. H. 1746-1827）は，このルソーの自然主義から強い影響を受けて出発した人物である。思想展開の前半期（フランス革命前）は『隠者の夕暮』(1780年公刊)などで農村を念頭に家庭（居間）での教育を重視していたが，後半期にいたって学校教育へと傾斜するにいたった。

『ゲルトルート児童教育法』(1801年公刊) その他の著作やイヴェルドン学園における実践で，頭（知育）・心（徳育）・手（技術・体育）の調和的発達を重視，とりわけ基礎陶冶に力を入れて，「感性的な直観から明晰な概念へ」という教授原則をうちたてた。

フレーベル (Fröbel, F. W. A. 1782-1852) は，ペスタロッチの強い影響下から出発し，晩年には世界初の幼稚園 (Kindergarten：正式には「一般ドイツ幼稚園」) を創設した人物として知られている。自ら考案した恩物（遊具）やその他の遊戯・作業などを中心とした幼稚園のカリキュラムを組織，実践した。万有在神論と象徴主義を思想背景とし，幼児に「生の合一」すなわち「神・自然・人間との合一（一致・調和）」に関する「予感」をはぐくもうとした。後の「新教育」の時期に活躍したイタリアのモンテッソーリ (Montessori, M. 1870-1952：ローマに「子ども家」創設，教具を用いた幼児の感覚訓練を重視した) との間で，世界の幼児教育理論・実践への歴史的影響力を二分しているともいえる。

それぞれ学校教育への重点のおき方など異なる点も多いが，以上の人物たちに共通するのは子どもの「自己活動」を尊重した教育思想あるいは教育課程（論）を残したという点であるといえよう。そして，いずれもが「新教育」の諸動向のなかでさまざまに参考とされることになるのである。

3　ヘルバルト──道徳的品性のための教授

ヘルバルト (Herbart, J. F. 1776-1841) はゲッチンゲン，ケーニヒスベルク両大学において「教育学」を学問的に体系化し，大学に根づかせた人物として知られている。教育の目標を倫理学，方法を（表象）心理学によってそれぞれ基礎づけた。教育の究極・最高の目的として「強固な道徳的品性の陶冶」をあげ，そこにいたるまでの手前の目的として「多面的興味」(思想界の拡充・深化をめざす「興味の多面性」の陶冶) を唱えた。つまり，教授と訓育は相互に孤立的であってはならず，関連化されているべきである（「訓育（教育）的教授」）とされる。こうして道徳性と結び合わされた「多面的興味」であるが，ヘルバルトによる「興味」の分類はややユニークで，全体を「認識にかかわるもの」と「共感に

かかわるもの」に二分したうえで，前者を「経験的」「思弁的」「趣味的」，後者を「同情的」「社会的」「宗教的」と，それぞれ3種類ずつに分類している。

なお，直接・間接の影響が及んだ弟子たちが多く，「ヘルバルト（学）派」と総称されている。カリキュラム構成原理としての「中心統合法」を考案したツィラー（Ziller, T. 1817-1882）や，ヘルバルトの教授段階説を深化させ「形式的5段階教授法」を提起したライン（Rein, W. 1847-1929）らが著名である。ツィラーの「中心統合法」は民衆学校の，次に述べる「多教科並立」的な状況を前に，教科間の統合のために「心情教材」（歴史・宗教・文学）を中心に据え，他の教科のそれぞれと関連化させようとするものであった。ラインは「予備→提示→比較→概括→応用」という5段階を，あらゆる教科・教材に適用可能な方式として唱えたが，教授の形式主義・画一化を招いたとする批判も受けた。

4　近代学校のカリキュラム──教育内容の拡大・多教科並立と一斉教授

時代は下って，国家による近代的な公教育制度の組織化が進行する。教養（エリート）学校と庶民学校という2系統の「複線型」が維持されていたり，途中までを一本化する「分岐型」に向かっていたり，いち早く「単線型」を実現していたりと，国ごとにさまざまではあるが，19世紀末に向けて無償・義務・非宗派を3原則とする国民学校制度が整備される。そこでの，主に「庶民学校」における教育の内容や様式について概観しておこう。

まず，教育内容が徐々に拡大・分化する。それは，一方においてはそこで学ぶ庶民大衆の学習ニーズによって，他方においては国際競争力の確保，国民全体の知的・道徳的水準向上，国民意識の向上といった国策的な観点に基づいて，おし広げられたものである。伝統的な「3つのR」からなる用具教科に加えて，地理・歴史・理科などの内容教科がまず導入・拡充され，さらには図画，手工，体操，唱歌，裁縫などの技能的・表現的教科も付加された。それら多くの教科は，なおしばらく（ツィラーの中心統合法の発想などをわずかな例外に）相互に関連づけられることなく平行して，あるいは継起的に教授されていた。

次に，教授の様式についてである。今日の学校において標準的なものとなっ

ている一斉教授法の歴史は案外と浅い。古くは，一教室一教師 (schoolmaster) という条件下における個別的教授の方式，すなわち年齢も水準も異なる子どもたちが教卓の前に騒がしく行列をつくり，順次，一対一で教授される番がくるのを待つ，といった方式が採られていた。学習者をクラスに分化して担当教師を置く方式が「庶民学校」に下降してくるのは，モニトリアル・システムにおいてである。これは，就学者の急増をしのぐ方策として，生徒をクラスに分化し，年長の優秀な生徒を教師の代役に配するというものであった。試験によって生徒を分類し，各クラスにモニターを配して秩序維持と授業の責任を負わせ，モニターは教場のサイドの空間や机を使って授業を展開した。さらに，階段座席 (gallery) を活用した一斉応答方式をもって，一斉教授法が最終的に成立したとされる。そうした一斉教授のシステムを基盤としてこそ，たとえば上述したラインによる形式的教授段階による方法も成立するのであった。

③ 「新教育」と現代の教育課程（論）

1 「新教育」とカリキュラム改革

「新教育」を一概に定義することは難しい。19世紀末から20世紀半ばにかけての時期，当時急速に制度化が進んだ近代的な学校教育の固定的な枠組みを批判し，そこからの脱却を志向して始まった多彩な試み。当初は西欧において，新種のエリート中等学校の創出（「田園教育舎」）が先行したが，やがてアメリカを含めた西洋の初等・中等段階全体に広がり，さらには全世界的な普及を見せた。書物中心・権威中心の教育から子ども中心の教育へ，といった趣旨のスローガンの共通性が高い。子どもの興味や感受性，個性，社会性，身体などに着目し，多彩な作業や表現活動，経験や身体運動を学校にもち込んだ，そうした試みの総称……とでもなろうか。

そうした「新教育」の，その運動としてのブームは，遅くとも20世紀の半ばすぎをもってひとまず，現象的には終結したというべきであろう。多くが「子ども中心 (child-centered)」「子どもから (vom Kinde aus)」をうたい，人々の耳目を集めた「新教育」の学校の，その少なからぬ部分は方針の転換を迫られた

り，時には経営難や閉鎖に追い込まれたりしてきた。人々の支持を失った要因はさまざまであるが，系統的な知識の伝達や認識の形成がおろそかになったという知育面，規律を軽視して社会化に失敗したという訓育面の弱点などを想像するのは，さほど難しいことではあるまい。加えて経済不況やファシズム，戦争といった社会状況が，その牧歌的なブームに水をかけることになった。

しかし，「新教育」はそれで終わったのではない。伝統的な学校教育のうえにさまざまな遺産あるいは痕跡を残し，それらの多くは今日まで残存している。たとえば用具教科や内容教科の教授においても子どもたちの興味や個性が顧慮され，作業・表現・探索・体験などの自己活動が部分的に取り入れられるようになった。また，全般的に表現教科の比重が増し，創作的な方法が採用された。体育も重視され，器械体操的なものに加えてゲーム的なものが多く採用されるようになった。さらに，カリキュラム全体にわたって総合化や合科が進み，コア・カリキュラムなどの新編成法や社会科・家庭科などの新教科が登場した……等々である。それらは概して伝統的な学校教育の幅をいちじるしくおし広げるものであったといえよう。

本節ではこうした「新教育」に焦点を合わせて，現代のカリキュラム改革の主要な動向や議論を追っていきたい。

2 デューイ——仕事（occupation）中心のカリキュラム

アメリカ合衆国の哲学者デューイ（Dewey, J. 1859-1952）は，主著『学校と社会』（1899年）が「新教育」のバイブルともいわれるなど，「新教育」の象徴的・代表的な存在とされる。とりわけ著名なのは，次の一節であろう。

「われわれの教育に到来しつつある変革は，重力の中心の移動である。それは，コペルニクスによって天体の中心が地球から太陽に移されたのと同様な変革であり，革命である。このたびは子どもが太陽となり，その周囲を教育の諸々の営みが回転する。子どもが中心であり，この中心のまわりに諸々の営みが組織される。」

この『学校と社会』は，彼がシカゴ大学付属実験学校（1896年〜）で行って

きた実践の成果を報告した講演を中核としている。ここでの検証を経て，彼の教育思想は以後もほとんど骨格が不動のものとして確立してゆく。以下，そのデューイの教育思想と実践を，いわば「新教育」の代表に見たて，少々たち入って整理してみよう。

デューイが教育を考える際には，2つの観点が貫かれていく。教育をあくまで個人の心理過程に即してとらえる心理（学）的観点と，常に教育の社会的な意義を考える社会（学）的観点である。そして，実験学校における実践はもちろん，彼の教育思想全体が，この2つの観点の交錯のもとで理解できるとすらいえるのである。以下，まず各々の観点の内容を，次に両者の交錯の成果を，順に見ていくことにしよう。

まず，デューイの「心理（学）的観点」とは，人間の認識や行為を，主体が環境との相互作用により「適応」を繰り返す過程としてとらえる観点である。環境との間に不適応が生ずると，主体は環境に働きかけ，新たな関係を結び直すことによって，より高次な「適応」状態に到達する。人間でいえば，問題に直面して，解決策の仮説を練ったり，それを実行することによって検証してみたりして，その解決に向かう。その過程において知性の発揮が重要であるため，人間の「適応」は「探究」の過程である。その「探究」の繰り返しが「成長」――過去の経験を絶えず再構成する過程――である。そして，問題が主体にとって切実であればあるほど，知性をふるった「探究」も活発なものになりうる。だから問題は，主体の興味をひき，知性の発揮を促すようなものであることが望ましい。

他方，「社会（学）的観点」とは，協同生活をとおして関心の共有と相互依存・連帯意識の育成を重視する観点である。そしてこの観点は，デューイが当時のアメリカ社会に対して抱いていた問題関心を，直接に反映したものであった。それは，急速な工業化と都市化，「新移民」の大量流入等にともなう社会的な連帯感の喪失に対する危機意識である。とりわけ分業化の進行の下，一人ひとりの行為が社会関係のなかで全体の福祉を支えている，という実感が具体的に抱きにくくなっていた。そのような状況に対し，デューイは学校を協同生

活の場とすることによって，打開を試みたのである。

　さてそれでは，以上で別々に見てきた2つの観点を交錯させると，どのような教育課程のあり方がうち出されてくるだろうか。デューイの場合，それは学校に「仕事(occupation)」を導入すること，すなわち木工や金工，織物，料理その他の協同作業を，「生活および学習の方法」として重点的に取り入れることであった。心理(学)的に見れば，それは談話，探究，製作，表現などに対する子どもの自然な興味を刺激する。同時に，とりわけその過程で生ずる探究——原材料に関する研究やより良い加工法の工夫など——によって，知性自体が磨かれつつ，科学的な知識や技能も得られる。他方，社会(学)的に見れば，前工業社会を支えていた協同生活の理想的な要素が，そこに再現される。社会全体を維持する様式や関係のあり方が，子どもたち自身によって追体験される。このように，2つの観点の交錯から，協同的な「仕事」をとおして学校を「胎芽的な〔理想〕社会」とする新たな教育のあり方が提示されたのである。

3　「生活」学校の試み——仕事，労作学校，プロジェクト・メソッド

　デューイをはじめ「新教育」はまた，その一面において学校を「生活」化する試みを内包していた。本章第1節で「学校教育の出現・成立」についてまとめた際に筆者は，「働く」ことや「遊ぶ」ことから，そこに包含されていた「学ぶ」ことや「身につける」ことの一部が分化・独立し，後者を前者のなかに溶け合わせきっていた「生きる」ことの全体性が損なわれた，と論じた。『学校と社会』の以下のような記述を読むと，すこし意味合いは異なるものの，ほぼ同様な論点がデューイにも共有されているかのように見える。

　　「今日ここでこうして顔を合わせているお互いから一代，二代ないしせいぜい三代さかのぼれば，家庭が実際に，産業上のすべての典型的な仕事がその内部で行なわれ，その周囲に群がっているような，そんな中心であった時代が見いだされる。……このような生活のなかに含まれている訓練ならびに性格形成の諸要因，すなわち秩序や勤勉の習慣，責任の観念，およそ社会において何ごとかを為し，何ものかを生産する義務の観念などの

諸要因を，我々は見逃すことはできない。」

「学習？　たしかに学習は行なわれる。しかし，生活することが第一である。学習は生活することを通して，また生活することとの関連において行なわれる。」

このような認識のもとでデューイは，協同的な「仕事」を「生活および学習の方法」として実験学校の中核に据えた。彼にとどまらず「新教育」の相当部分が――同様な「社会（学）的観点」をデューイと共有していたか否かは措くとして――「労働」や「遊び」の要素を「学習」活動に導入した「生活」学校の試みを提起している。「労作学校（Arbeitsschule）」のケルシュンシュタイナー（Kerschensteiner, G. 1854-1932）も。「プロジェクト・メソッド」のキルパトリック（Kilpatrick, W. H. 1871-1965）も。

しかしデューイにあって，こうした「生活」学校化の試みは，一見そう見えてしまいかねないような「過去志向」のものではない点に，注意が必要であろう。彼は数世代前の家庭をモデルに学校を「理想的な」「生活」の場として完結させようとしたが，その創出を自己目的化してはいない。突き放していえば，「理想的な」「生活」の場もまた，彼にとっては手段であった。なんのための手段か？　子どもたちが前工業社会における社会・人間関係のあり方に関する認識を得て，それを手がかりに自力で20世紀の新たな社会・人間関係をつくり出していくための。そして，そのなによりの武器となる問題解決的な知性を磨いていくための。このように，デューイは「仕事」をカリキュラム上の中核とする「生活」学校を拠点として，未来に向けて社会を変革・創造する主体を形成しようとしていたのである。

ドイツのケルシェンシュタイナーも，生産労働に近い作業的な活動をカリキュラムの軸として強調した人物である。ミュンヘン市の視学官として，また主著『労作学校の概念』などをとおして，彼は子どもの自発性と作業の即事性（Sachlichkeit）の両面を重視していた。能動的に対象に向かいつつ外的な要請にも応ずるという「労作」の性格形成的な意義が，保守的と評されることの多い彼の「公民教育論」との内的な関連性をも示唆していよう。

3 「新教育」と現代の教育課程（論）　83

　キルパトリックは1918年，世紀転換期以降アメリカの教育界で多様に展開されていた「プロジェクト」と銘打つ教育活動をうけつつ，「プロジェクト・メソッド」として独自の定式化を行った。一般的には，子どもたちが自ら計画をたて，力を合わせてそれを実行していく形式で展開される学習法であり，目的立て (purposing) →計画立案 (planning) →実行 (executing) →判断・評価 (judging) という手順で進行する。キルパトリック自身が「プロジェクト」に対して下した定義は，「社会的環境のなかで展開される，全精神を注ぎ込んだ目的ある活動 (whole-hearted purposeful activity proceeding in a social environment)」というものであり，作業への専心没入をとおした性格形成が展望されていた。

4　「合科」とコア・カリキュラム

　カリキュラム（論）として見た場合，「新教育」には，「多教科並立」状況を突破しようとする教科再編成の試みが多く目につく。すでに見たツィラーの中心統合法以降，教科間の「相関」や「融合」などが主題とされる傾向が強まり，著名なアメリカのパーカー (Parker, F. W. 1837-1902) による「中心統合法」では，教科としては地理を重視しつつ子どもを「中心」に位置づけたカリキュラムが構想されていた。教科横断的な統一テーマを設定して総合的に学ぶ「合科教授 (Gesamtunterricht)」の取組みとしては，ライプツィヒ市の例が著名である。新教科としては，第一次世界大戦前後におけるアメリカの社会科や家庭科，ドイツの郷土科が代表的であり，大がかりな「コア・カリキュラム」として代表的なのは，ヴァージニア州教育委員会が州内の小・中学校で実施した「社会機能法」（縦軸・スコープの「社会生活の機能」／横軸・シークェンスの「子どもの興味の中心」で構成）による「ヴァージニア・プラン」である（コア・カリキュラムとスコープ／シークェンスについては，本書第2章第2節を参照）。このようにさまざまな角度から「多教科並立」状況の克服がめざされていた。

5　教授の個別化と社会化

　学習（授業）形態のうえでも，「個」の尊重と「集団」への着目が，新たな成

果に結実していた。

　まず，一斉教授の方式が有する弊害への対処策として，個別学習を徹底する動向が，アメリカ合衆国を中心にみられた。パーカースト（Parkhurst, H. 1887-1952）による「ドルトン・プラン」は，子ども自身が学習進度配当表（assignment）を作成し，それに従って教科別の実験室（laboratory）に移動して，各自のペースで自学自習を基本に学習を進める，という自立した学習者の姿を志向していた。ウォシュバーン（Washburne, C. W. 1889-1968）が考案・実施した「ウィネトカ・プラン」も，自己訂正を重ねながら「コモン・エッセンシャルズ」の学習を個々に進めていけるよう入念に作成されたワークブック教材などを武器に，市をあげての成果を示していた。「個別化」策といっても，前者の実験室における「協働」の重視，後者の「集団的創造的活動」など，「関係」や「集団」も等閑視されていたわけではない。

　「集団」の構成と活動にいっそう踏み込んだのが，イエナ大学付属実験学校でペーターゼン（Petersen, P. 1884-1952）らが実施した「イエナ・プラン」である。形式的な年齢別学年・学級制を廃し，子どもたちを，発達に応じながら人格的相互作用を行うユニットとしての「基幹集団」に再編成するなどして，個性の発達と集団の発達を主軸に学校組織をいちじるしく改編した。　【菅野　文彦】

考えてみよう
1. 「多教科並立」と「一斉教授」を特徴とする近代的なカリキュラムの成立過程と，その弊害を克服しようとする動向について，整理して論じてみよう。
2. コメニウス，ルソー，ペスタロッチ，フレーベル，ヘルバルトのうちから1人を選び，カリキュラム史上の貢献を簡単にまとめよう。
3. 「新教育」の理論家・実践家のうちから1人を選び，今日的な意義や問題点について論じてみよう。

参考文献
勝野正章「教育課程論の歴史的展開」柴田義松編著『教育課程論』学文社，2001年，12-30頁。
日本カリキュラム学会編『現代カリキュラム事典』ぎょうせい，2001年。

第6章 現代日本における教育課程の変遷

はじめに——戦後教育の「振り子」と現在の課題

　皆さんは理想の授業をどうイメージするだろう？「わかりやすく」,「やりとりがある」。これらは主に,授業の方法にあたる。他方で,内容に思い入れをもつのもいい。何かに「おもしろさ」,「すごさ」を感じてほしいというように。これらは戦後といわれる時代（日本がアジア・太平洋戦争に敗れた 1945 年以降）に,大学や学校現場の先生方が考えてきたことに重なる。

　こうしたよりよい教育のイメージや想いはいろいろあって,しばしば対立し,「振り子」のように揺れ動いてきた。具体的には,経験主義,問題解決学習,児童中心主義,生活教育,といったそれぞれに対して,教科主義,系統学習,社会改造主義,科学教育が対置されてきた。総合的な学習,広義の学力か,教科教育,狭義の学力かにも,ズレつつ重なる対立軸である。

　だが,結論ふうにいうならば,21 世紀を迎えた現在は,対立してきたこれらの 2 つの流れを,1 つの授業,単元,教育課程のうちで絡め合わせ,ともに実現することが,課題となってきている。仮にこう発想はできても実践に移すことは難しいが,これまでどんな試みがされ,いかなる可能性と課題があったのかを知っておけば,実現の条件がつかめるだろう。

　本章では,教育課程というものの戦後日本における変遷を,とくに教育目標と内容に焦点を当ててたどってみたい。

1　試案としての学習指導要領と経験主義

　戦後日本の教育は,戦前・戦時下のすべての転換をはかる「民主化」とともに始まった。超国家主義・軍国主義から民主主義へ,天皇主権から国民主権へ,

中央集権から地方分権へ、そして富国強兵から戦争放棄の平和主義へ。日本国憲法（1946年公布、1947年施行）で宣言された日本人の理想の実現は、教育に期待された。その方向は、第1次アメリカ教育使節団の報告書（1946年）、文部省の『新教育指針』（1946-47年）という文書、さらに教育基本法（1947年）、学校教育法（同じく1947年）以下の法律に示された。だが、実際の教育内容は、筆頭教科であった修身ほかがGHQ（連合国軍総司令部）により停止され（1945年）、国定教科書に「墨塗り」がさせられるなどして、空白に近い状態となっていた。

そこで、学習指導要領というものが、具体的な教科内容を、児童と社会の要求に応じて「教師自身が自分で研究して行く手びき」として作成される。学習指導要領は、文部省（2001年より文部科学省）が著者の公的文書で（第3章）、上意下達で画一的・権威的であった戦前の教授要目や国定教科書教師用書にかわり、アメリカで州ごとに作成されていたコース・オブ・スタディーを参考にしてつくられたものである。その位置づけと内容は、改訂に応じて「学習指導要領の変遷」（資料編、pp.186-189、参照）に示したように変遷してきた。

まず、1947（昭和22）年の『一般編』（各教科編は教科ごとの分冊）から1951（昭和26）年の改訂版（同）までは、各表紙に明記されていたように、"(試案)"であった。各教科の具体的な内容を含む教育課程および指導計画は、各学校が地域の実態と児童の特性をふまえて、「下の方からみんなの力で、いろいろと、作りあげて行く」ものとされた。学習指導要領はそのための「研究の手引き」や「参考資料」として位置づけられていた。教科の内容等は、地域の社会生活の特性、児童青年のその地域での生活の特性に応じて地域的に異なるべきもので、教科内容の編成主体は文部省ではなく、個々の教師と学校（教師集団）である、と考えられたからである。

そこでは、経験主義ということで、「教育課程とは、学校の指導のもとに、実際に児童・生徒がもつところの教育的な諸経験、または、諸活動の全体」であるとされた。子どもの意欲、興味、自発性を重視し、ごっこ遊び、調査、討論、発表などの活動を通じて知識・技能を教える方向が例示された。これこそ、アメリカのJ. デューイ（1859-1952）らの進歩主義教育学（第5章）にならい、生

活的な課題や題目で単元（授業の数時間のまとまり）を組む生活単元学習と呼ばれるものである。とくに修身，地理，国史に代わって新設された社会科がその代表で，各学校で1947（昭和22）年9月実施に向けて構想されていく。

2 戦後新教育の"教育課程"
――各校のコア・カリキュラム，三層四領域ほか

　その後，当時は文部省自身が積極的に現場教師の実践研究を奨励していたこともあり，1950（昭和25）年前後，全国の各校がカリキュラム全体の改造に取り組んでいく。とくに，コア・カリキュラムといって，社会科（学校によっては理科，家庭科等も）を中心（コア）とみなし，これに他教科の技能，知識，態度をできるかぎりで関連づけたプラン（カリキュラム計画）を構成する学校が目立った。数百校が実験学校を受けて立ち，関東では北条プラン，福沢プラン，桜田プラン，関西では明石附小プラン，しごと・けいこ・なかよし（奈良女子高等師範附属小）といった独自な教育課程が図表化されて，冊子類にまとめ上げられた。

　地域教育計画と称する系譜でも，本郷プラン他いくつかが注目を集め，たとえば川口プラン，金透プランはコア・カリキュラムのもととなった。

　各校が冊子類を盛んに作成したのは，学習指導要領が試案でしかなかったために，自校の教育課程の全体像と詳細を書き出す必要があったからでもある。

　以上の生活単元学習，コア・カリキュラム，地域教育計画を戦後新教育と総称するが，これらには，戦前の大正新教育（大正自由教育）や昭和初期の試みにかかわっていた教師が再び始めた例，自校の遺産を復興・発展させた例もある。

　コア・カリキュラムは，生活，活動を自己目的とし，教科を生活，活動のための用具（道具）と称した点で，カリキュラム構成法にこだわり，教科内容に系統性がないと批判がされた。だが，要素表，能力表などといわれる各教科の技能，態度，知識のリストを作成する学校も目立ち，卒業までに教える要素が何かを見通し，実際に何を教えたかがチェックできるようになっていた。

　以上のような実験学校が加盟したコア連（コア・カリキュラム連盟，1948〜53年），その後身の日生連（日本生活教育連盟，1953年〜）は，「三層四領域」（図6.1）とい

88　第6章　現代日本における教育課程の変遷

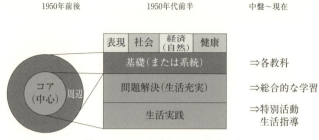

図6.1　コア・カリキュラムとその後

う，生活実践課程を基底とし，生活拡充の問題解決課程を中心にすえ，系統課程・基礎課程を上層に乗せて，4つの内容領域（健康・経済（自然）・社会・表現（または文化，教養，娯楽，情操））で串刺しにしたカリキュラム全体の構造論（1950年代前半）という重要な提案を行っている。また，「日本社会の基本問題」と社会科指導計画（1950年代中盤），1960年代に発表された香川プラン（香社研青年グループ），上越プラン（上越教師の会），そして東京プランも再評価に値する。

　他方で，学習指導要領は，1951（昭和26）年改訂までに，各教科にあたる教科課程での学習指導にとどまらず，教科外の活動（自由研究から特別教育活動へ，1968-70年改訂以降は特別活動に），いわゆる生活指導にも言及するものとなっていた。戦前に教科目から「はみ出た」教育といわれた生活指導が，戦後，アメリカの「ガイダンス」概念に依拠して位置づけられて，教科と教科外を包括しての"教育課程"という用語が現場に定着していくのである（第2章）。

　「三層四領域」という教育課程全体でみれば，生活指導は生活実践課程にあたるが，むしろこの季節的行事や遊び等の教科外の生活指導を，あるいは日常生活課程と言いかえて，全体の中心にすえるかたちのコア・カリキュラムもあった（吉城プラン，春日井プランほか）。

3　新教育批判と系統学習論，および指導要領の「法的拘束力」

　他方で，新教育では「学力」が付かない，しつけができていないとの批判が，

3　新教育批判と系統学習論，および指導要領の「法的拘束力」

　1949（昭和24）年ごろより，一部の親や市民層（とくに中間層以上），日教組（後述），各地の教育委員会関係者，また新聞，雑誌等からあがり，全国各地で知識・技能の学力テストが実施され始めている。新教育は都市部や師範学校・大学の附属校でしかできないと噂もされた。戦前に内容の自主的な構成が許されなかった教員一人ひとりがその力量を養い始めた矢先の批判で，物的な条件整備も不十分ななかでのことだった。

　新教育，とくにコア・カリキュラムに対する批判は，当時の政官界や経済界，さらにはGHQのCIE（民間教育情報局）からもあがった。アメリカと旧ソ連を両軸とする冷戦と国内での保革（保守対革新）対立を背景に，政府とアメリカ占領軍が戦後民主化を自己否定していく「逆コース」の表れでもあった。サンフランシスコ講和条約と日米安全保障条約（安保）で日本が独立を一応回復し，占領軍が撤退を始めた1951（昭和26）年以降，政令改正諮問委員会の答申ほかも受けて，国家による教育内容の統制が再び強化されていく。1950年代後半，勤務評定（勤評），教育委員の任命制の導入などをめぐって教育が政治問題化したいわゆる「政治の季節」を迎える。

　以上のような世論と政策の転調も受けながら，1958（昭和33）年から，学習指導要領が全面的に改訂された。経験主義が薄められ，各教科の内容（科学，文化）の系統性が重視されていく。教科の系統性とは教科内容を体系的に編成する一貫した原則や観点である。系統学習論とは，教えるべき内容をあらかじめきちんとおさえて，それを論理の筋を追って順序よく教えていくべきだという教授・学習論といえる。たとえば，活動中心で総合的だった社会科を，小学校高学年では歴史と地理とに区分し，それぞれ系統化するような提案となる。

　他方で強調されたのが，道徳の時間の特設（小・中学校）で，1958年改訂に先だち実施がされていた。日本教育学会，日教組（後述），マスコミほかから批判があがったが，戦前の修身の復活，米ソの冷戦の反映にみえたからである。

　学習指導要領は1955（昭和30）年の『社会科編』等の改訂ですでに試案でなくなっていたが，この1958年改訂以降，文部省告示として官報で「公示」されるようになり，「法的拘束力」をもつ国家的な基準（ナショナルスタンダード）

である，との行政解釈が強調されていく。(すでに学習指導要領の編成権は文部省にあるとされており (1952年)，立法行為にあたる法規命令の一種として，教科書の内容的な検定の基準，教育委員会への授業計画の届け出，承認の基準，さらには指導要録での評価の基準として扱われることになる (第3章)。)

　この1958年改訂以降，一般編と各科編の分冊が，各校種つき1冊 (「法的拘束力」をもつ) と教科ごとの「指導書」(1998・99年改訂からは「解説」。こちらは参考的・示唆的なもの) との組合わせに変えられる。以後における改訂は，「学習指導要領の変遷」(資料編参照) にみるように，約10年ごとに，文部大臣が諮問した教育課程審議会 (教課審)，2001 (平成13) 年以降は中央教育審議会 (中教審，とくに教育課程部会) の中間まとめや答申をもとに，それらへの意見と議論を受けて進められていく。

④ 新教育と学習指導要領を批判する民間側・組合の運動

　戦後新教育，とくにコア・カリキュラムへの批判から，さまざまな論点が生じている。「はいまわる経験主義」(矢川徳光)，「牧歌的」(広岡亮蔵) といった批判や，国民的共通教養論，ミニマム・エッセンシャルズ論，または生活力・問題解決力としての学力論，「生きて働く学力」論，「人格」形成論などが現われた。「読・書・算」の基礎学力については，「人類文化の宝庫を開く鍵」(国分一太郎)，「科学的世界観を獲得するための基本的武器」(矢川) とも表現された。

　いわゆる民間側でのこれらの論は共通して，戦前の，および戦後に残存した国家の教育権論を否定し，民主教育，国民教育，国民の教育権・学習権を提起した。(1985年，国連・ユネスコの「学習権宣言」等にて，国際的にも確認される。)

　日教組 (日本教職員組合，1947年～)・日高教 (日本高等学校教職員組合，その前身は1950年～) の教研活動は，これらの論を教育の内容研究を通じて具体化する場となってきた。毎年，実践記録の集約・分析が，各校の分会から各地区，各県，全国へと積み上げられた上で，全国教研 (1951年～) が開かれて，報告書『日本の教育』等がまとめられてきた。1990 (平成2) 年以降，全教 (全日本教職員組合，前身は1989年～) も教研活動を行っている (報告書は『日本の民主教育』)。

これらのなかで「教育課程の自主編成」運動が，1956（昭和31）年から推進されてきた。1958年改訂前後の特設道徳反対，伝達講習会阻止闘争等，そして1960年代前半の全国一斉学力テスト（学テ）反対闘争を経て，1960年代以降，学習指導要領に対抗しての実践や教育課程づくりが試みられ，教研，大会で報告がされ，教師と専門研究者が共同で分析・論議を深めてきたのである。

　加えて，自主的なサークル団体も次々と結成されている。民間教育研究団体といわれるもので，コア連・日生連がはしりだが，教科研（教育科学研究会）が復興された（戦後の会は前身は1951年～）他，教科や領域ごとに，歴教協（歴史教育者協議会，1949年～），数教協（数学教育協議会，1951年～），科教協（科学教育研究協議会，1954年～），全生研（全国生活指導研究協議会，前身は1959年～）など，数十団体が組織されていく。教員有志が夜や休日に手弁当で集まり，月例会や夏の研究集会・大会ほかを行い，月刊誌や会誌を発行して，実践記録，内容私案の検討や，学習指導要領と異なる教科課程試案の作成を行ってきている。

　互いに分立しがちな諸団体は，機関誌や日本民教連（日本民間教育研究団体連絡会，前身は1959年～）を通じて交流し合い，教研活動と相まって，主張の流れを形成してきた（資料編所収の表 pp.186-189 の最下段を参照）。とくに1953年からの社会科解体の動きに抗して，「社会科問題協議会」を組織して批判声明を出したが，以降，重大な問題があがってくるたびに交流・共同を深めてきた。

5　民間側と文部省の2つの「現代化」——能力主義をめぐって

　1950年代後半以降，民間の各団体は，教科内容の研究を進展させていく。数教協は1959（昭和34）年から教科内容の「現代化」を主張し始め，数学者の遠山啓らが量の概念を重視して，「水道方式」（計算指導の体系）を開発した。

　「現代化」とは，小・中学校の内容・方法を現代科学の観点に立って再編成するもので，民間側では，生活単元学習を経験偏重として批判することが，初発の主な動機であった。J. S. ブルーナー（1915-2016）やソビエト心理学に学び，学問の体系性と子どもの認識発達の筋道との総合がしばしば課題とされた。

　学習指導要領とは異なるものとして，教科研国語部会と明星学園による一

連のテキスト『にっぽんご』，日作（日本作文の会，前身は1950年～）による作文の指導体系などが自主編成され，理科の「仮説実験授業」（板倉聖宣ら）の授業書と授業運営法（問題－予想・仮説－討論－実験），「極地方式」（高橋金三郎ら）なども提案された。

　世界的には，「現代化」といわれる動きとは，アメリカで1950年代半ばに始まり，ソ連に人工衛星打ち上げで先を越されたスプートニク・ショック以来，1960年代にかけて，ほぼすべての先進国で，経験主義を否定し科学技術教育が強化された大規模なカリキュラム改造運動であり，アメリカの国家防衛教育法（1958年）が端的である。

　日本の文部省の側でも，1968-70（昭和43-45）年の学習指導要領改訂で，「現代化」および教育課程の構造化を強調している。これは，産業社会の科学技術革新を背景に，科学的な手続きや態度を強調する主体的学習論に則る。また，算数の内容でいえば，集合，関数，確率などが加えられた。

　この文部省流の「現代化」は，全体的に難しい内容を早い学年から教える流れを生んで，教育内容の肥大化や過密化を招いた。全国教育研究所連盟の調査報告書（1971年）は，「半数またはそれ以上の子どもが授業をよく理解していないと思う」と感じる小・中学校の教師が7～8割もいることを示した。詰め込み授業をせざるをえないなか，できない子が放置され，落ちこぼれや学校不適応が大量に生まれて，マスコミは「新幹線授業」「見切り発車」などと報じた。

　このように，同じ「現代化」と称するものも，内容や性格は官と民とで異なっていた。文部省の理念は，能力主義といわれる。経済審議会の答申（1963年），それを受けた中教審答申（1966年）の「多様化」政策の提起をもとに，経済発展に見合う人材・労働力の計画的養成を重視したのである。具体的には，同一年齢に3～5％いるハイタレントの早期発見と効率的養成のため，テストの成績で子どもの間に「能力と適性」別に上下の序列をつけ，進学する子としない子に，また進学組も普通高校と職業高校のコース別に選別し，格差をつける考えである。すべての子どもが「できる」ようにするよりも，早期に英才児を発見し，集中的に学習指導を行う方が効率的との発想に向かう。

こうしたなかで，教育内容は学歴社会・受験競争の手段とされ，能力の伸長は個人の利益とみなされて，受益者負担の教育投資論があてられる。一元的な能力理解と序列主義的な競争をまき起こすならば，その序列に縛られた価値観を子どもたちに植えつけかねない。実際，この中教審答申（1966年）には，「期待される人間像」という文書がその別記として発表されて，その国家主義的な傾向は論議を呼んだ。

　さらに1971（昭和46）年，中教審は，明治の学制発布，戦後の新教育制度の発足に匹敵する抜本的な「第三の教育改革」構想をまとめ上げている（四六答申）。高校と大学の進学率が量的に拡大したことで，慢性変動化社会に生涯にわたって適応するための生涯学習の観点が必要となったことから，全教育体系を総合的に整備しようとした学校体系の能力主義的再編成の提案と言え，1977・78（昭和52・53）年の学習指導要領改訂に反映される。

　非行・校内暴力，登校拒否・不登校，いじめといった問題が多発し深刻化していったのは，その1970年代半ばのことである。

6　民間側での「生活」と地域の再重視──『教育課程改革試案』

　民間の側では，この能力主義への反対を共有しつつも，教育内容の重点や教育方法をめぐっては，棲み分けやさまざまな論争がされてきた。大きくは，1950年代以来，日教組教研や民間の団体相互で，問題解決学習か系統学習かという論争が続いてきた。この図式は，「生活と教育の結合」か「科学と教育の結合」か，子どもの経験（の連続的再構成）か人類の文化遺産（の継承・発展）か，子どもの人格形成か学力・認識能力の総和か，教科内容の「現代化」は是か否か，子どもの生活，感情，価値観，主体性，学習意欲の研究まで踏み込むか，主に教科の系統研究か，子どもへの共感・支援か明確な指導か，といった論点に，多様に分岐もしていく。

　さらには，最低限度の読み書き計算（3R's）、知識・技能といった（狭義の）学力保障を重視するか，その学力概念をそれ以上の態度，関心・意欲，さらには創造性，表現力，問題解決力，生活力などまで広げるか，五段階相対評価で

はなく到達度評価を採用するか，といった論点へも深まっていく。

　1960年代前後の高度成長期を通じては，公害や環境破壊，地域崩壊などが深刻化して，子どもの自然体験・人間関係の貧困化，生活習慣や性の乱れ，消費文化，商品文化などの浸透が問題化していた。「地域の地方化」（上原専禄）といわれる事態も全国各地で進行していた。

　そうしたなかで，1970年代中盤にいたって「生活と教育の結合」が再評価され，民間の各団体が「わかることと生きる力の結合」「地域に根ざす教育」といった提起をし，多彩な実践が豊かに展開されていく。地域や生活をよくするためにこそ，科学を学び活用するような実践も現われ始める。昔遊びや伝統文化の伝承，地域史・文化財や地域の自然の調査研究と保護，公害や環境破壊などに対する住民運動，あるいは空襲・原爆や沖縄戦での被害，アジア諸国での日本軍の加害ほかの事実の発掘に切り結ぶ実践などである。

　授業づくりのプロセスを見ても，「現代化」時代の科学の体系ー教科の系統ー教材化ー授業改造といった流れだけでなく，1970年代以降，子ども研究ー授業研究ー教材づくりー教科研究といった流れも現われてきた。

　日本社会と民間のそうした変化と蓄積を集大成するかたちで，『教育課程改革試案』(1976年) が，日教組の委嘱した学者等の中央教育課程検討委員会（梅根悟委員長，1974-76年）により提案される。その前の教育制度検討委員会（第１次。1970-74年。報告書は『日本の教育改革を求めて』1974年ほか）以来，文部省・中教審による「第三の教育改革」（先述）への対抗を意図してきた改革案の内容的側面を体系的に提起したもので，民間版の教育課程基準の意味ももった。

　12年間を３年ずつ４つの階梯に区切り，各階梯の領域を「教科」と「教科外」に分けて，各々の時数や内容の大綱を示したもので，国民的共通教養の共通科目と子どもの個性と実生活に対する興味と関心に応じた選択科目との二本立てであった。中教審答申を問題視した日教組は，「全ての子どもの可能性の全面的かつ個性的な発達をめざす」という「教育における正義の原則」を対置したのである。

　ここで，教科と教科外の中間領域として構想されたのが「総合学習」である。

「個別的な教科の学習や，学級，学校内外の諸活動で獲得した知識や能力を総合して，地域や国民の現実的諸課題について，共同で学習し，その過程を通して，社会認識と自然認識の統一を深め，認識と行動の不一致をなくし，主権者としての立場の自覚を深めることめざす」学習で，和光学園（小，鶴川小，中，高校）ほかで実現された。

7 大綱化・弾力化・「ゆとり」へ——「現代化」指導要領の見直し

1977・78（昭和52・53）年の学習指導要領改訂を機に，文部省も「現代化」の見直しを始める。「ゆとりあるしかも充実した学校生活」をコンセプトに，各教科の標準授業時数を削減し，学校ごとで裁量がきく「ゆとりの時間」が新設される（たとえば体力増進のための活動，地域の自然や文化に親しむ体験的な活動，教育相談に関する活動，集団行動の訓練的な活動）。この改訂に，アメリカの「人間中心カリキュラム」への動向等も影響したといわれる。

以降，明記されるようになったのが，基準の「弾力化」・「大綱化」である。この改訂から，進路，適性，特性に応ずる教育として，高校のコース制に加えて，中学での選択教科，および習熟の程度による学級編制（高校），学習集団編成（中学）が提起されていく（それまでを一元的能力主義，これ以降を「多元的能力主義」として特徴づけることもある）。

1989（平成元）年の改訂にいたっては，「個性重視の原則」ほかを打ち出した首相直属の臨時教育審議会（臨教審，1984-87年）の答申を受けて，戦後の教育課程の理念や枠組みが大きく変更された。「生涯学習の基盤を培う」ことと「社会の変化に主体的に対応できる」人間の育成他をめざし，中学での選択履修幅の拡大や小学校低学年での生活科の新設，1単位時間の弾力的な運用等がはかられる。2年後（1991年）の指導要録の改訂で，「新しい学力観」（新学力観）こそ指導要領改訂の趣旨だったとされ，「関心・意欲・態度」重視，「指導から支援へ」，学習の「個別化」といった授業観へのとらえ直しが強調・流布されていく。

1996年ごろからは，教育全体の目標としての「生きる力」が，「教え込み」を否定しつつ掲げられる（第15期中教審第1次答申～）。すなわち「自分で課題

を見つけ，自ら学び，自ら考え」ての主体的な判断，行動，問題解決の資質・能力，さらに，自律，他人と協調し思いやる心，感動する心など豊かな人間性，健康や体力をも含む力とされる。以後の改訂を通じても，学習指導要領の学力観として強調され続けるものとなる。

　さらに1998・99（平成10・11）年の改訂で，学校週5日制の完全実施も前にして，各教科の内容と授業時数の3割削減という「厳選」（学校スリム化）が断行される。あわせて学校の創意工夫，特色ある教育課程編成のための学習指導要領の弾力的運用，その基準の大綱化がより強調され，「特色ある学校づくり」が推進され始める（第4章）。特色を具体化するものとして新設されたのが「総合的な学習の時間」である（第8章第1節）。経験主義等の復活ともみられ，とくに時間枠を特設した点は賛否両論を呼んだが，文部省が各学校に教育内容の編成を任せた点は，日本の教育課程史から見て前進といえる。

　以上のように，学習指導要領は，1970年代後半以降，「弾力的」に運用できるものとされ，「学校に基礎をおくカリキュラム開発」（スクール・ベイスド）が奨励されていく。すでに，1976（昭和51）年の最高裁大法廷判決（通称「学テ判決」）で，法的拘束力を有するものの，「大綱的な基準」であると確認されていた。2000（平成12）年ごろからは，文部官僚・寺脇研の発言や公的な文書に端を発して，学習指導要領は「最低基準」と明言されて，翌年の大臣発言のころから公的な見解となる。その後，教科書や実際の授業に発展的な内容を加えることが奨励されていく。だが，法的拘束力は変わらず，創意工夫，弾力的運用も「法令に違反しない限り」とされている（文部省編『教育委員会月報』1977年6月）。

　ダブルスタンダードに学校現場は戸惑い，教員の間に混乱と実践・力量の格差を招いてもいる。「最低基準」宣言によるある種の自由化が，かえって現場を混乱させた原因は，これまで見てきたように，1958（昭和33）年改訂以降，教育内容自体を構成する権限が，現場教師に許されてこなかったこととのギャップと，自由化の背景にある新自由主義のイデオロギーにもあるといえよう。

　1999（平成11）年前後に，大学生の「学力低下」問題を数学，経済学の大学教員等が指摘したが，1998・99年改訂の学習指導要領批判へと飛び火して，

自然科学関係学会など各方面から「ゆとり」教育と教科内容の「厳選」，時数削減に対して疑問が語られるようになった。

そうしたなかで，その完全実施の直前に，文科省は，確かな学力の向上のための2002アピール「学びのすすめ」という文書を発表した。それをうけて，2003（平成15）年，学習指導要領の「一部改正」が行われ，総合的な学習と各教科のねらいや計画を明確にすべきと規定された。

続く2008（平成20）年の改訂にいたっては，主要な教科の時数が回復された。他方で「総合的な学習」の時数だけが削減されてしまった。しかし，その趣旨は，国際的なPISA（ピサ（またはピザ））（2000年から3年おき。後述）他をふまえた「全国学力・学習状況調査」（2007年〜）以降にめざされた「活用力」の育成にも生かされたといえる。教科ごとに，その重点指導事項例も示され始めたが，方法の例示は，主に内容の大綱を示したこれまで学習指導要領に比して踏み込みすぎ，といわれてもいる。現場の創意を促すというなら，国家的基準に何を示し，または示さないかが問われている。

こうした近年，「学力格差」という問題があらためてクローズアップされてきた。大学進学率が向上し，大学の大衆化，希望者全入が進むなか，上層では受験競争がかえって激化する一方，下層は勉学や進学・就職，生きることをも諦めるという「意欲格差（インセンティブディバイド）」（苅谷剛彦（かりやたけひこ））も，学力格差に加えて問題視される。発展的な学習をごく少数のできる子用に特化するなら，格差社会化，または階級社会の再認識という深刻な問題にもつながりかねない。

8 民間側と文部省・教育委員会の実践研究上の相互浸透
―― 習得－活用－探究

以上のように，戦後の教育課程史は，まず，文部省（現文部科学省）対民間（日教組，全教と各民間教育研究団体），および民間内での組織上の対立に，子どもの主体性重視の経験主義，問題解決学習，生活教育，児童中心主義か，客観・客体中心の教科主義，系統学習，科学教育，社会改造主義か，という理念・実践上の対立がクロスしたかたちで展開してきたといえる。

だが近年，表面的には相互浸透ともいえる事態が見受けられる。たとえば，「総合的な学習の時間」は日教組の提起した「総合学習」に似てはいる。すでに文部省の研究開発学校のテーマにも1976（昭和51）年から見られた。1990年前後からは，教育委員会による研修や研究指定校にも，教育内容の編成，さらには記号科，人間科などの教科再編をも試みる例が現われている。1990年代以降，「学びの転換」・「学校づくり」（教科研ほか），「学びの共同体」（佐藤学）の構築をめざす学校が増えつつある。一方，民間の各教科団体や団体間で連携した組織は，自主的な教育課程試案の集大成と出版を試みるようになってきた。

　21世紀を迎えた世界は，高度情報化，大衆消費社会化，少子高齢化，生涯学習化，国際化，あるいは成熟社会，「知識基盤社会」への移行といった大転換に直面している。世界的な規模で見れば，人類が自ら生み出してきたシステム社会の諸問題を解決するために，学んだことを道具として活用しつつ，協同で，また自律的にも生活・活動できる，そうした地球市民を育てるべきときが来ている。OECD（経済協力開発機構）によるPISA（生徒の学習達成度調査，世界の15歳が対象）には，そうした課題意識が込められている。日本でもとくに注目され始めた点が，「知識・技能を実生活で活用する力」という学力観である。

　2008・09年の学習指導要領の改訂からは，習得，探究，および活用，という学習の3つの型が強調されてきた。これまでみた系統学習ほかが習得にあたり，問題解決学習ほかを探究とみるならば，活用は両者をつなぐものとなる。だが，学習指導要領には，3つを段階論的にとらえる傾向もみえる。

　もし今，コア・カリキュラム，および「三層四領域」を活用するならば（図6.1），この3つの型を学校や学級のカリキュラム全体の流れのうちに，統合的に構想・実践できないか。たとえば，日常生活や特別活動を基底と見て，そこで生じた問題の解決をめざす探究活動を「総合的な学習（探究）」などとして設定し，各教科での知識・技能の習得を，できるだけこの活動に関連づけるという一連の流れがイメージできる。この習得と探究を，活用の場面がつなぐことになる。活用は教科内での応用問題，問題集・ドリルにとどめられがちだが，「総合的な学習（探究）」等でのホンモノを対象とした活動に即して，習得済み（ま

たは予定）の教科の知識・技能を活用するなかでこそ，探究自体も深まるだろう。逆に探究活動で動機づけがされ，そこで活用したいから必要な知識・技能を補って習得する，という順序で学びが深まることもある。戦後教育史の隠れた論点は，分化・分科した各教科を精緻(せいち)化するか，このように，生活や問題解決を中心としてカリキュラム全体を統一性あるものにするかにも見い出せる。

おわりに――学習指導要領の基準性と現場教師の実践・研究

　戦後を通じた民間側と行政側との対立軸は，学習指導要領でどんな内容をどこまで教えると指定するか，また方法までをも示すか（2017・18改訂でいえば，「主体的・対話的で深い学び」）という，基準（スタンダード）のあり方にふみ込みつつある。しかし，学習指導要領はあくまで「最低基準」と確認されたように，基準を年間指導計画や単元計画，授業案へと具体化するのも，実際に実践に移すのも，現場の教師の裁量による。子どもたちとともに実際に教えと学びを経験できるのもまた教師なのである。

　「PISA型学力」の総合世界一はフィンランドであったが，その背景に，現場教師の権限，裁量と責任を強めた改革があった。実は日本の旧教育基本法にも倣ったことだが，この北欧の小国では，さらに進んで，教科書が教師個人で選べて，変更もできる。個々の教師に判断・工夫の力量がいるが，それだけに大学院の修士課程修了が必須とされた（第1章，第7章 4 節）。

　とはいえ，すでに日本には，公開授業と協議会を組み合わせた各勤務校での授業研究，教育委員会も絡んだ各校種・教科ごとの研究会組織，初志の会（社会科の初志をつらぬく会，1958年～）のような授業研究団体，そして有志による民間側の自主的な研究サークルが存在してきた。これらは近年，世界的な視野からみても先駆的と認知され，注目を集めている。

　各勤務校の同僚，または地域・全国の仲間とともに，互いの実践を参観し，または実践記録をもとに討議し合うことを通じて，実際の授業や単元，年間計画，教育課程を編みだしていくかたちの研修は，共通の広場になりうるだろう。

　民間側と学習指導要領に即する側との間でも，譲れない論点はあっても，あ

くまで子どもたちの学習と発達，生活のためならば，立場を越えて連携・協同できるとの認識が広がりつつある。

さらに，研究・研修のテーマには，教科等横断的な視点に立った表現が目立ってきている。すべての教科，領域を貫きうる資質・能力（読解力，コミュニケーション能力，活用力）または学習形態（グループ，教え合い，学び合い，かかわり合い），さらにはカリキュラム・マネジメントからの発想である。学校全体で，児童・生徒に一貫した「メッセージ」を伝えられ，児童・生徒からみても，生活全体にこだわりを貫け，将来の進路，職業を見通すことが支援される教育課程になりうる（いわゆる「キャリア教育」や生き方教育として。「社会に開かれた教育課程」，そして学校段階間の接続）。

今後の日本の教育は，教師をめざす皆さんの意志と学習にかかっている。ぜひ同僚と，さらに校外の教師や保護者，市民たちとともに，教科内容，教育課程までをも，担任する子どもと地域に即して創造的に編みだせる教師になってほしい。そのためにも，現代の教育課程史を，本章以上に具体的に，現実と突き合わせつつ，自らの意見と実践イメージをもって学んでいってほしい。

【金馬　国晴】

考えてみよう

1. 本章と「学習指導要領の変遷」（巻末資料）を手がかりに，自分が教えたい教科について，どんな改訂がどんな時代背景でなされ，どんな実践が話題となったかを調べよう。
2. 自分や家族・親戚が経験してきた教育内容や学校生活を，本章や「学習指導要領の変遷」を活用しながら分析し，学校経験の自分史・家族史を綴ってみよう。
3. 「学習指導要領の変遷」や本章を手がかりとして引用しながら，自分が理想とする教育課程または授業について，現代の教育課程史の延長線上で論じてみよう。

参考文献

教育科学研究会編『現代教育のキーワード』大月書店，2006年。
久保義三・米田俊彦・駒込武・児美川孝一郎編著『現代教育史事典』東京書籍，2001年。
田中耕治編著『戦後日本教育方法論史』上／下，ミネルヴァ書房，2017年。
日本カリキュラム学会編『現代カリキュラム事典』ぎょうせい，2001年。
日本教育方法学会編『現代教育方法事典』図書文化，2004年。

第7章　諸外国における教育課程の現状

1　アメリカ

1　初等中等教育段階の教育課程の特徴——学区による教育課程運営

　アメリカ合衆国においては合衆国憲法修正第10条に基づき，教育は州の専権事項とされている。したがって，連邦政府は教育機会の保障の支援以外には教育に関する権限をもたない。初等中等教育段階の教育課程に関しては州が州憲法および州法（州教育法）に基づき独自の制度をつくっているが，州の定める制度や教育方針は大綱的あるいは必要最小限にとどまることが多く，州の下に位置する教育行政単位である学区（district）が公立学校の設置および教育課程の運営に多くの権限を有している(1)。

　図7.1は，アメリカの一般的な学校教育制度を示したものであるが，州または学区によって多少の違いはある。その制度を概説すると，まず，初等教育段階の小学校（Elementary School）は4～8学年制で6～10歳または14歳までの児童を対象とした教育が実施されている。そのうえに，5～9学年の生徒が就学する中学校（Junior High/Middle School）があり，高校（High school）は10～12学年で構成するのが一般的である。義務教育に関しては32の州で16歳まで，9つの州とコロンビア特別区で17歳まで，8つの州で18歳まで，1つの州で14歳までの出席義務があるが，出席要件を満たせば義務づけられた年齢以前に高校卒業を認められる。

　教育課程に関しては，各学区の教育委員会が州法の教育課程に関する規定のもとに教育課程を編成してきたが，分権的制度下で学区内の教育の多様性を保障するものと理解されていた。しかしながら，1960年代から70年代にかけて

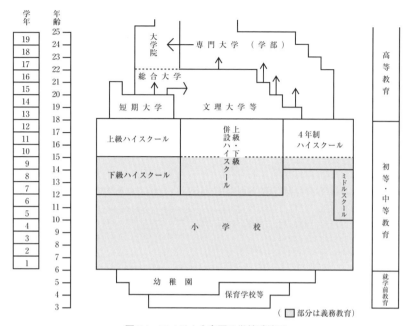

図7.1 アメリカ合衆国の学校系統図
出所：文部科学省『教育指標の国際比較（平成20年版）』

　学習者個人の教育的ニーズや興味・関心を重視するあまり教育課程が多様化したことが国語（英語）や数学などのアカデミックな教科への軽視を招き，基礎学力の低下に対する強い懸念が示されるようになった。とくに，1983年に連邦教育省長官が発表した報告書『危機に立つ国家』では「17歳人口の13%は日常生活の読み書き能力に欠けている」といった深刻な学力低下の実態が報告され，労働力の質的向上を求める経済産業界からの要請もあって，基礎学力の向上に向けた学校教育の改善が強く求められた。さらに，1980年代半ば以降から現在まで経済活動がグローバル化し国際競争が激化するなかで，連邦政府が主導となって学力向上のための教育改革が進められてきた。とくに1994年には，クリントン大統領が「数学・理科で世界の最高水準になる」という全国共通教育目標を立てたほか，続くブッシュ大統領も「落ちこぼれをつくらない

ための初等中等教育法（No Child Left Behind Act）」を成立させて学力向上策を推進した。これらの政策のもとでは，州の教育行政機関が主導となって，各教科ごとに教育内容や学力到達基準を示した教育課程の基準としての「教育スタンダード」を制定したが，これと同時に「スタンダード」に対応した州内で共通する「学力テスト」が実施されるようになった。さらに，教員の養成や研修においても，州の「教育スタンダード」に沿った指導ができるような知識と技能が求められるようになり，各校の児童・生徒の学力テストの結果や科目履修状況なども市民に対して公開されるようになった[2]。このように，学力向上をめざす教育改革が進められるなかで，アメリカの公教育における教育課程においては，「教育スタンダード」によって教育内容の基準や到達基準を定めつつ，スタンダードに準拠した「共通テスト」や学校情報の公開で結果を問う，アカウンタビリティー（説明責任）を重視した取組みが進められている。

2 学区の教育課程運営──ウィスコンシン州ミルウォーキー市学区の事例

ウィスコンシン州（Wisconsin State）ミルウォーキー市学区（Milwaukee city Public School district）には2003-04年度現在，小学校（Elementary Schools）119校，中学校（Middle Schools）24校・高校21校・その他オールタナティブスクールや契約学校などが46校存在し，その児童・生徒数は約10万人である。学区内の公立学校の教育課程の運営に関しては，表7.1「MPSスタンダード（Milwaukee Public Schools Standard）」が，教育課程の最低基準として設定されている。このMPSスタンダードは，州の教育委員会が教育スタンダードのモデルとして作成した「ウィスコンシン州モデルアカデミックスタンダーズ（Wisconsin Model Academic Standards）」を模範としながら，当市学区の教育委員会が1998年に策定したものである。それまでは，教育課程運営に関しては，州法（Chapter 121.02）の「学区基準（School District Standards）」に示された年間授業時数や教育課程の教科とその時間数といった「学校開設のための最低基準」（表7.2）が運営規則としての役割を果たしており，分権化のもとで教育課程運営は各学校の自主的裁量に委ねられていた。このMPSスタンダードは，学区内の各学校に

表7.1 MPS スタンダード

A．数学的処理能力のスタンダード
幼稚園から4学年までの間にMPSの生徒は，適切な道具や技術を利用しながら現実世界の問題と取り組み，以下のような項目の数学的能力を身につけるものであるが，項目は以下のものに限定されるものではない．

1　推論する能力　　　　　　方法の正当化
　　様式の認知　　　　　　　結果の正当性の検討
　　関係の識別
　　調査の為に問題を設定する

学年ごとの学習で期待されること
小学校4年生の終わりまでに生徒は，
A．4．1．　幾何学様式と無作為なデザインの区別をする．
A．4．2．　既知の答えを利用して他の答えを導く
A．4．3．　乗法の形式を探す
A．4．4．　難解な関係を解くために乗法を利用する．
A．4．5．　配列を乗法の規範として利用する．

出所：MilwaukeePublic Schools k-12, Academic Standards and Grade Level Expectations, P.6, P.10 より抜粋

表7.2 学校開設のための最低基準

　州法121.02は，ミルウォーキー市を含めた州内総ての学区の教育課程，特に指導時間について以下のような規定を定める．
（f）1．州の教育長が学校を開けないまたは学区職員のストライキによって学校を開校できないと判断する日を除き，一年間で最低180日の学校日を設けること
　　2．1年間の最低教育時間を各学校に以下のように設定する．
　　　幼稚園段階で437時間，1学年から6学年まで1,050時間，7学年から12学年まで1,137時間とする．授業時間には生徒の休憩時間や次への授業への移動時間を含めるが給食時間は含まない．4歳の幼稚園児に対しては上記の時間の87.5%程度とする．
州法121.04（L）の学区規定に従い，学区内の各教育段階の教育課程においては以下の教科指導を実施する．
1．小学校では，リーデング，言語芸術，社会，数学，理科，健康，体育，芸術，音楽について，一定の指導（regular instruction）を実施しなくてはならない．
2．5学年から8学年では，言語芸術（language arts），社会，数学，理科，健康，体育，芸術，音楽について，一定の指導を実施しなくてはならない．学区教育委員会は上記の教科に加えて，職業に関する調査・計画に関する指導を実施する．
3．9学年から12学年では，英語，社会，数学，理科，職業教育，外国語教育，体育，芸術，音楽について学習が可能なように学区は生徒に教育プログラムを受講する機会を提供すること．

出所：Updated 01-02 Wisconsin States Database, UNOFFOCIAL TEXT, School Finance, Chapter 121.02 School district Standards, URL: http://www.legis.state.wi.us/rsb/Statutes.html

対しては多様な教育実践を認めながらも児童・生徒の学力を各学校段階の終わりまでにこの程度までは引き上げておかなければならないとする,「各教科に関する最低限の学力到達基準」と理解されている(3)。しかしながら,表7.1に見るようにMPSスタンダードに記載される学力到達基準はきわめて大綱的なものであり,指導項目を学年ごとに詳細に指定したものではない。したがって,学区内に存在するマグネットスクールやチャータースクール等の「特別な教育課程を実施する学校」では学区の教育課程の枠内にありながらも学習内容の進度や深まりが他校と大きく異なることも認められている(4)。

各校の教職員は,MPSスタンダードを理解したうえでその指導方法について研修等を実施しているが,けっしてスタンダードの学力到達が目標ではなく,各校の教育目標に応じて生徒の能力を最大限に発達させることをめざしている。最終的に各校の教育実践は,教育行政局の教育課程指導部局(Curriculum Instruction Department)が実施する教育評価を受けるものとなる。現在,カリキュラム指導部局は表7.3のような3段階の工程を経た教育評価を実施しているが,その評価の過程は「MPSアカウンタビリティー・プラン(MPS Accountability Plan)」と称され,その全過程が『アカウンタビリティー・レポート(Accountability Report)』と称する報告書で市民に公表されている。学区が実施する3段階の教育評価を概括すると以下のような次第になる。

まず第1段階は,州と学区が主催する統一学力テスト成績の数値測定を利用した評価が行われる。この評価報告書には,各学校においてテストの主催者である州または学区が設定する「習熟レベル(proficiency level)に到達した生徒の割合」が,「学区全体に占める当該生徒の割合」と『学区の目標値』にならんで示される。次の第2段階では,各校が自らの教育目標として設定する「教育改善に関する5項目」に関してその達成度を測る数値が示されるが,ある学校では,①州テストの数学科目で習熟レベルに到達する生徒割合を2％上昇させる,②州テストの読解力(reading)科目で習熟レベルに到達する黒人生徒の割合を増やす,③生徒による校内で起こる事件の回数を5％減少させる等の5項目が「各学校による評価」の項目として設定されている。最後の第3段階

第7章　諸外国における教育課程の現状

表7.3　MPSアカウンタビリティー・プラン

第1段階　制度上の評価 (System Measures)		
小学校	中学校	高校
州読解力テスト（3学年リーディング）	州学力テスト（8学年リーディング）	州学力テスト（10学年リーディング）
州学力テスト（4学年リーディング）	州学力テスト（8学年数学）	州学力テスト（10学年数学）
州学力テスト（4学年数学）	MPS理科学力テスト（7学年）	MPS理科学力テスト（10学年）
MPS理科学力テスト（5学年）	MPS作文力テスト（7学年）	MPS数学学力テスト（12学年）
MPS作文力テスト（5学年）	MPS数学学力テスト（7学年）	MPS作文力テスト
出席率	MPS学力テストの4科目のうち2科目で習熟レベルに達した生徒の割合	学内成績
第2段階　学校による評価 (School Measures)		
各学校が選択した「学校改善に関する5つの目標項目」に関する数値評価		
第3段階　学校プロフィール		
各学校の質的な評価。各学校による「自分の学校の特色」の記述（用紙1枚に記述）を評価する。		

出所：Milwaukee Public Schools Accountability Report 1998-1999, p.5

は，各校が自校の今年度の目標達成に関する実績を自らプロフィール形式で公表する段階である。学区教育行政局は，こうした学力テストを手段とする教育行政局による「制度上の評価」と，各校の目標設定に基づく「各校による評価」の方法を導入することで，学区内各校に多様な教育課程運営を認めることになるものと理解している。しかしながら，とくに第1段階における「学力テスト」の結果を用いた評価結果の公表は，学校選択がすでに導入された当市においてはテスト結果が親や生徒の学校選択のための重要な情報ともなりうることもあって，各校の教育課程運営に大きな緊張をもたらしている[5]。こうした評価結果をふまえて，学区教育行政局の教育課程指導部局は「成績不振」と判断された学校に対して研修会等を行って教科別に指導方法の改善を促してい

るが，学力向上の困難校に対しては教科別の指導援助プログラムを実施しながら，連邦の主催する少人数学級プログラムやタイトルⅠ（Title1）の補助金支給の対象校とするなど，学区が率先して教育課程運営の改善のために特別な支援を提供している。

ミルウォーキー市の事例にも現れるように，現在アメリカの公立学校の教育課程の運営においては，州または学区が設定する「教育スタンダード」とそれに準拠した「学力テスト」による評価の及ぼす影響が大きくなってきている。州によっては，テスト結果の悪い学校に対して廃校や民間団体による経営請負の対象にしたりするところも現れており，教育課程運営において教育スタンダードと学力テストをどう利用していくのか，今後の動向が注目される。

【成松　美枝】

2　イギリス

1　ナショナル・カリキュラムの誕生

全国統一の学力テスト，学校選択制，外部機関による学校査察制度，バウチャー制度，これらは1990年代以降，日本において教育改革案として提案されてきたものである。こうした教育改革案は，1980年代後半イギリスでサッチャー首相によって断行された教育改革がモデルだといわれている。

戦後2度目の教育改革と呼ばれたその改革は，端的に言い表すならば市場原理の導入によって学校改善をはかり，子ども・若者の学力向上を実現しようとするものだった。その骨子は教育をサービス活動とみなし，「受給者」である親や生徒に学校を選ばせることで「提供者」である教師や学校を相互に競争させ，サービスの向上を進めようとするものであった。1988年に登場した「教育改革法」は，そうした改革案を具体化するものであり，その柱として導入されたのがナショナル・カリキュラムとナショナル・テストであった。

実は，この改革が行われるまで，イギリスには日本の学習指導要領のようなカリキュラムに関する国の統一基準は存在しなかった。カリキュラムの編成権

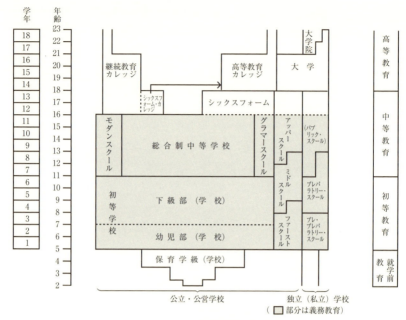

図7.2 イギリスの学校系統図
出所：図7.1に同じ

は学校や教師にあり，そこに国が関与することはなかったのである。ナショナル・カリキュラムの導入は，そうした状況のもとであいまいにされてきたカリキュラムの基準を国家的規模で明確にし，イギリスの子どもたちが義務教育段階で身につけるべき学力スタンダードを明示するものであった。そして，その学力スタンダードが，どの程度達成されているかを確認する役割を担うのがナショナル・テストだった。つまり，ナショナル・カリキュラムで目標とすべき学力水準を示し，ナショナル・テストによってその到達度合いをチェックする。そうした仕組みによって学力向上をはかろうとしたのが，1988年の教育改革だったのである。

表7.4　各キー・ステージ (KS) の年齢・学年と到達目標

KS	年齢	学年	到達目標
1	5～7	第1～2学年	レベル2
2	7～11	第3～6学年	レベル4
3	11～14	第7～9学年	レベル5／6
4	14～16	第10～11学年	5科目以上GCSEの取得

出所：阿部菜穂子『イギリス「教育改革」の教訓』岩波ブックレット，2007年を参考に筆者が作成

2　ナショナル・カリキュラムの概要

　ナショナル・カリキュラムでは，5歳から16歳までの義務教育期間を4つのキー・ステージ (以下KS) に分け，各ステージで教える内容を「学習プログラム (Programmes of study)」として教科ごとに定めるとともに，生徒が到達すべき学力水準を「到達目標 (Attainment targets)」として9つのレベルで表記している。

　定められている教科としては，これまで幾度かの修正を経て今では英語・数学・科学・体育・情報技術・技術・地理・歴史・音楽・芸術・外国語・市民教育の計12教科が設けられている。通例，これらの教科をKS2までは外国語と市民教育を除く10教科を，KS3にあがると全12教科を子どもたちは履修することになる。KS4にあがると，12教科のうち音楽・芸術・歴史・地理・技術・外国語が選択科目となるため，必修と選択とが組み合わさったカリキュラムを履修することになる。また，英語・数学・科学の3教科はコア教科と呼ばれ，とくに重点的な指導が奨励されている。

　表7.5に示したものは「学習プログラム」の一例である。各教科で教えられなければならない知識やスキルを規定しているという点では，日本の学習指導要領と共通しているが，授業のなかで扱う教科内容そのものにまでは踏み込んでいない。学習指導要領と比べると，イギリスのナショナル・カリキュラムは大綱的なものであり，その拘束力は緩やかであることがわかる。

　イギリスのナショナル・カリキュラムの特徴は，こうした「学習プログラム」

表7.5 歴史科の学習プログラムと到達目標

「過去の出来事や人物，変遷についての知識や理解」

KS1	a）人々の行為の理由や出来事がおきた理由，結果として起きたことを理解する。 b）時代ごとの生き方や生活の違いを知る。
KS2	a）学習する時代や社会の特徴，すなわちその時代の男女や子どもの考え方，信念，態度，経験について学ぶ。 b）学習する時代の英国や世界に存在した社会的，文化的，宗教的，民族的な相違について学ぶ。 c）学習する時代の歴史的な変化や世情，出来事の推移などを記述し，識別する。 d）異なる時代や社会のなかで，あるいはそれらを横断して存在した主な出来事や世情，変化をお互いに結びつけ，表現する。

歴史科の到達目標

レベル1
　生徒は自分自身を含めた人々の過去の生活と現在の生活を区別することができる。時間軸に沿っていくつかの出来事や物事を並べたり，時間の経過について日常的に会話することで，歴史的な年代感覚を示せる。生徒たちは過去の話とエピソードを区別することができ，そのことを述べることができる。過去に関するいくつかの簡単な問題の答えを資料から見つけることができる。

レベル4
　生徒は，英国の歴史およびより広い世界の様相についての事実的知識や理解を示せる。過去の時代や社会の特徴について記述し，かつ異なる時代内部での変化や時代を横断した変化を識別するためにそうした知識を使用できる。また，主な出来事や人物，変化のいくつかを記述でき，出来事や変化が起きた理由やその結果を説明できる。過去の様相はさまざまに解釈できたり，表現できたりすることを理解している。異なる資料から情報を選びだせると同時に，それらを組み合わせることができ始めている。データや専門用語を適切に使用することで学習成果をうまく整理できるようになる。

出所：National Curriculum online（http://www.nc.uk.net/webdav/）を参照

に加え，それを通じて子どもたちが獲得することが望まれる知識や理解，スキルを表した「到達目標」が定められている点にある。「到達目標」は，KSごとに設けられている「学習プログラム」と異なり，全KSを貫くかたちで9つのレベルで表示されている。表7.5に示されるように，各レベルは各教科，たとえば歴史科の知識やスキルをどのように理解し，どのように活用するか，すなわち子どもたちが遂行するパフォーマンスを表したものになっている。子どもたちのパフォーマンスをレベルという規定で描くことによってナショナル・

カリキュラムでは、14歳の子どもは6歳の子どもに比べ、その内容をより深く理解し、探求できること、あるいは知識やスキルを高いレベルで活用できることを表すと同時に、14歳の子どもと6歳の子どもが、本質的には同じ内容を学んでいることを表すものとなっている。

　このように「学習プログラム」に「到達目標」を重ね合わせ、螺旋的に構造化している点にナショナル・カリキュラムの大きな特徴がある。また、「到達目標」を子どもたちのパフォーマンスというかたちで表すことにより、教育目標の記述が評価基準づくりと結びついている点もナショナル・カリキュラムの特徴である。

3　ナショナル・テスト体制とその影響

　先に述べたように、イギリスでは、ナショナル・カリキュラムと同時にナショナル・テストと呼ばれる全国統一の学力テストが、1988年の教育改革法以降、実施されることになった。テストは学校や教師ではなく、外部機関が実施する。KS1～3はコア教科と呼ばれる英語・数学・科学のみで行われ、KS4では中等教育修了資格試験であるGCSE (General Certificate of Secondary Education) がその代用として利用されることになった[6]。

　イギリスには、旧中等教育修了資格であるCSE (Certificate of Secondary Education) がすでに存在したため、こうした全国統一の学力テストそのものは、それほど新奇なものではなかった。しかしながら、1988年の教育改革法では、各学校のナショナル・テストの結果をパフォーマンス・テーブル (School Performance Tables) と呼ばれる全国成績一覧表として公表することが決められた[7]。これがイギリスの学校現場を一変させることになった。

　イギリスでは、各地域のパフォーマンス・テーブルの公表が行われると、新聞各紙がこれをもとにリーグ・テーブルと呼ばれる学校一覧表をこぞって創り、大々的に報道する。記事には「全国成績上位20校」「全国成績ワースト50校」といった見出しが踊っており、国民の好奇心を多いに刺激するものとなっている。親の学校選択権が認められているイギリスでは、こうした情報が親の学校

表7.6 リヴァプール地区の KS2 のパフォーマンス・テーブル (2007年度)

	Pupils eligible for Key Stage 2 assessment			English			Mathematics			Science			Average point score
		With SEN											
	total	with statements or supported at School Action Plus	supported at School Action	L4+	L5	A/T	L4+	L5	A/T	L4+	L5	A/T	
LA Average		11.4%	17.5%	77%	30%		73%	28%		84%	44%		27.5
England Average		10.0%	13.4%	80%	34%		77%	32%		88%	46%		27.9
All Saints' Catholic Voluntary Aided Primary School	72	5	6.9%	15	20.8%	79%	42%	3%	71%	24%	4%	86%	40%	1%	27.8
Anfield Junior School	63	6	9.5%	8	12.7%	84%	33%	2%	79%	40%	0%	92%	54%	2%	28.5
Arnot Community Primary School	35	12	34.3%	9	25.7%	51%	9%	0%	60%	17%	3%	86%	43%	0%	26.0
Banks Road Primary School	24	2	8.3%	6	25.0%	92%	63%	0%	92%	50%	0%	92%	58%	0%	29.4
Barlows Primary School	45	5	11.1%	10	22.2%	84%	40%	0%	76%	20%	0%	96%	60%	0%	28.4
The Beacon Church of England Primary School	21	3	14.3%	4	19.0%	76%	29%	0%	71%	24%	0%	86%	38%	0%	27.2
Beaufort Park Primary School	26	8	30.8%	1	3.8%	54%	12%	4%	42%	0%	4%	62%	19%	0%	23.1
Belle Vale Community Primary School	38	8	21.1%	12	31.6%	68%	8%	3%	50%	13%	3%	47%	5%	3%	24.0
Bishop Martin Church of England Primary School	30	1	3.3%	3	10.0%	90%	63%	0%	90%	50%	0%	93%	63%	0%	30.0
Blackmoor Park Junior School	91	4	4.4%	17	18.7%	77%	21%	0%	74%	34%	0%	86%	34%	2%	27.3

出所：http://www.dcsf.gov.uk/performancetables/

選択を実質的に左右する。たとえば，ロンドンのような大都市では，成績が前年よりも3％でも下がると次年度に入学を希望していた親たちが別の学校を探すようになるといわれている。

　集めた生徒数によって予算が配分されるイギリスでは，ナショナル・テストの結果が悪ければ，学校そのものの存続が脅かされることになる。そのため学校や教師にとってナショナル・テストは，自分たちの利害に直接的に結びつく

「ハイステイクス (high-stakes) なテスト」にならざるをえない[8]。改革以降，ナショナル・テストという強い圧力により現場の教師たちは，テスト準備のための教育を行わざるをえない状況へと追い込まれている。これが今大きな教育問題となっている。

4 イギリスの直面する課題

こうしたサッチャー首相による教育改革に対しては，肯定的な評価と否定的な評価が併存している[9]。肯定的な評価としては，たとえばナショナル・カリキュラムの導入によって子どもに求められる学力水準が明確になったという意見がある。また，学校の教育成果がテスト結果として数値で公表されるようになったことで，学校教育の透明度が増したという肯定的な声も親たちから聞こえてきている。さらに，政府の広報によれば，改革の成果もあがってきている。政府が1995年以来公表しているナショナル・テストの結果は右肩上がりの伸びをみせている。KS2の末に行われるナショナル・テストの結果，望ましいとされている水準（レベル4）に達した11歳児の数は1996年度には英語で57％，数学で54％，科学で62％だったのが，2006年度には英語79％，数学76％，科学87％にまで上昇している。

その一方で，テスト結果を公表し，学校間の競争を煽るという改革の仕組みに対しては反発も存在する。ウォリック大学と全英教員組合(National Union of Teacher, NUT)が共同で行った3000人の教師を対象としたアンケート調査によれば，88％の教師がテスト結果の公表に反対している[10]。また，テストが教育上子どものためになると考えている教師はほとんどおらず，わずか9％にすぎなかった。教師たちからは，「テストのための準備ではなく，教えたり学んだりすることに時間を使いたい（21年の教職経験をもつ初等学校の教師）」「ナショナル・テストとパフォーマンス・テーブルは学校の関心を教育ではなくテストに向けさせるものとなっている（20年の教職経験をもつ中等学校の学年主任）」といった声が聞こえきている。

教育評価論では，ハイステイクスなテストの存在は，テストのための教育・

学習を学校に広め，教師の教育活動や子どもの学習活動を歪めるといわれてきた。この警告どおりのことが，イギリスの学校では起こってきているのである。いまやイギリスの学校では，教師の教育活動と子どもたちの学習活動はともにテストで結果を出すための教育・学習活動へと変貌してきている。先ほどの現場の教師たちからの悲鳴・訴えは，そうした事態への反発・抵抗感を表している。

　子どもたちの学力実態を危ぶむ実証的な研究も，近年発表されてきている。たとえば，ダーラム大学のロバート・コー（R. Coe）たちは，子どもたちが量・重さ・密度といった数学や科学の基本的な概念をどの程度理解しているかを調べるため1976年の11歳と2000-03年の7学年（11歳）の子どもを比較調査している[11]。同じ大きさの鉄のブロックとプラスティックのブロックを水に沈めた場合，どちらがより多くの水をあふれさせるかという問題を出題したところ，1976年の調査では54％の男の子，27％の女の子が正解できたのに比べ，2000-03年の調査では男女ともに17％の子どもしか正解できなかった。こうした結果からコーたちはテストの問題には解答することができても，自然界を理解するための数学や科学の基本的概念を子どもたちは実は身につけていないのではないかと，子どもたちの獲得している学力の質に警鐘を鳴らしている。

　こうした状況のもと，イギリスでは，サッチャー首相の教育改革以来20年間続いてきたパフォーマンス・テーブルをともなうナショナル・テスト体制が今大きな曲がり角にきている。NUTを始めとするイギリスの4つの教職員組合や校長会はいずれも現行のナショナル・テスト体制に反対の意見を表明している。また，「教師を信頼しない改革」として当初から改革を受け入れなかったスコットランドに加え，改革を受け入れていたウェールズが，近年この体制から離脱することを表明した。ウェールズは2001年7月からテスト結果の公表中止を，2007年からはナショナル・テストそのものの廃止を決定している。

　離脱を決めたウェールズやスコットランドでは，テストではなく，日々の学校生活のなかで行われる教師の評価を中心に評価システムを再構築する取組みが始まっている。子どもたちの学力をこれまでのように教師の手から切り離し

外部評価で行うのか，それとも教師の専門的力量を信頼し，日々行われる教師たちの評価によって行うのか，今，イギリスは学力向上を進める取組みの大きな分岐点に立っているといえる。　　　　　　　　　　　　　【二宮　衆一】

3 ドイツ

　ドイツは16の州で構成される連邦共和国であり，多くの権限は州（Land）に属する（連邦基本法，第30条「この基本法に規定または許可のない限り，国家の権限の行使と国家の責務の実現は州の事項である」）。この点では州こそが国家（Staat）であり，連邦と州の関係は，中央政府に対する地方自治体ではない。

　そして，教育に関する権限も基本的に州にあり，連邦が関与できるのは「教育支援の規定および学術研究の促進」（同法，第74条(1)13）に示される範疇とかなり限られる（州の文化高権）。これらの法的関係の上に，各州には文部省（Kultusministerium）に相当する行政組織が置かれている。

　ただし，州の独自性の現れとして，その名称や所管は決して一様でない。たとえば，バーデン＝ヴュルテンベルク州は「学術・研究・芸術省」と「文化・青少年・スポーツ省」，ノルトライン＝ヴェストファーレン州は「学校・教育省」と「芸術・学術省」，あるいは，チューリンゲン州は「教育・青少年・スポーツ省」と「経済・学術・デジタル社会省」で構成されている。つまり，ドイツの行政組織における教育，学術，芸術，スポーツほかの所掌を，日本の文部科学省と同じものと理解することはできない。

　もっとも，ドイツ全体として教育や学術分野の調整が重要との認識のもと，州をまたぐ必要な基準を設けるために，各州の関係省がメンバーとなる常設文部大臣会議（KMK）が1948年から設置されている。そこでは，州間の相互認定の前提である成績評価および卒業資格に関する合意，そして学校・職業教育・大学の質保証に向けた協議，さらに教育・科学・芸術分野に関わる協力がなされている。

　よって，ドイツにおける教育課程は，KMKによる連邦全体に関わる基準と州ごとの規定の，2つの側面からとらえられる。

第7章　諸外国における教育課程の現状

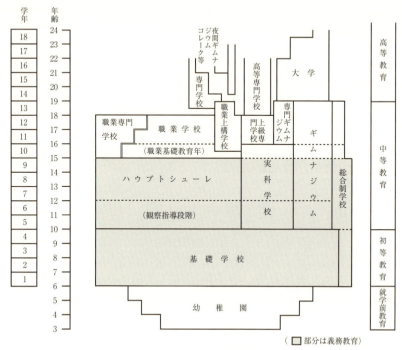

図7.3　ドイツの学校系統図

出所：文部科学省サイト（http://www.mext.go.jp/b_menu/shingi/chousa/shougai/015/siryo/08102203/001/016/004.htm，2018年1月20日最終閲覧）より。

1　「教育スタンダード」(Bildungsstandards) の登場

KMKで議決されている基準として注目すべきは「教育スタンダード」である。これは，学術研究の大枠においてドイツの学校システムを国際的に比較することを決めた，1997年の「コンスタンツ決議」にさかのぼる。

この決議は，ドイツの生徒たちの強みと弱みを，中核的な能力に即して確実に把握することを目的になされた。そして，その後のTIMSS（国際数学・理科教育調査），PISA（生徒の学習到達度調査），IGLU（初等段階の読解力に関する国際調査）を通じて明らかになったのは，ドイツでは入力段階の制御だけでは，期待するアチーブメントを得られないということであった。すなわち，公教育とし

て期待される結果の確定とその検証が必要であり，スカンジナビア半島やアングロアメリカの国々での定期的な学校における達成調査，中央集権的な試験や綿密にネットワーク化された学校評価などのシステム的な説明責任が，総じて高い結果をもたらすとKMKで理解されるに至った。

こうした経緯から今日，州の強い権限を前提にしながらも，教育の質を保証するうえで，外的・内的な評価の実施とその明確な指標の設定が必要という考え方が強まっている。2004年に公刊された『KMKにおける教育スタンダード』に謳われているように，「州間の競争を促すことを通じて，学校教育の質的発展と比較をもたらす，連邦全体に適用される教育スタンダード」の開発と導入を，KMKは重視しているのである。

2 「教育スタンダード」の基準設定と運用

KMKにおける2003，2004，2012年の合意を経て，「教育スタンダード」として2017年現在，州間で確認されている教育内容は，次の通りである。
- 初等段階第4学年のドイツ語と数学
- 基幹学校修了（第9学年）のドイツ語，数学，第一外国語（英語／フランス語）
- 中等学校修了（第10学年）のドイツ語，数学，第一外国語（英語／フランス語），生物，化学，物理
- 一般的大学入学資格（Allgemeine Hochschulreife）のドイツ語，数学，第一外国語（英語／フランス語）

これらの基準は，すべての州における学校の質的開発を支援するとともに，教育修了（卒業）に関する共通の物差しになると考えられている。また，「教育スタンダード」の適切さが追跡，評価されるとともに，州を越えた共通テストの合意に向けた研究へと続くことが意図されている。あわせて，日々の教育実践がともなってこそこれらの基準が有意義と，「教育スタンダード」を授業の開発へとつなげていくことについても，KMKは視野に入れている。

3　学校教育の質的保証とモニタリング（追跡と診断・評価）

　以上の動きの一環に，2004 年にベルリンのフンボルト大学に創設された IQB（教育制度の質的開発研究所）を挙げることができる。同研究所は，KMK 決議「教育モニタリングに関する KMK の総合的戦略」(2006 年) に対応すべく，学校や行政での経験をもつ教員および教科教育，心理学，教育学，社会学分野の研究者がともに従事しながら，次の課題に臨んでいる。

・ドイツの学校教育の向上に寄与すること
・国際的水準につながる能力を促進すること
・授業と学校のより高い質に向けた州の努力を支援すること
・質的開発とその保証のための方略について，州を越えた交流を促すこと
・ドイツの教育制度の共通性と透過性（Vergleichbarkeit und Durchlässigkeit）を担保すること

このために IQB は，次の活動を行っている。

・「教育スタンダード」を検証するテスト課題の開発と収集
・各教科と学年に適った具体的な教科教授と実証研究に基づく生徒の遂行能力（Kompetenz）モデルの開発
・「教育トレンド」（能力テスト）の定期的実施
・「教育スタンダード」に示される遂行能力を促す授業のための学習教材の発行
・「教育スタンダード」の活用に関わる組織・会議を通じた諸州との協力
・アビトゥア（Abitur 大学入学資格）試験問題の共同管理に関わる協働

　ここで「教育トレンド」に注目すると，次のようである。最近では 2016 年，全ドイツから抽出された 1500 校，約 30,000 人の第 4 学年の生徒がドイツ語と数学のテストを受けた。ドイツ語については「教育スタンダード」に示される遂行能力の諸領域のうち，「読む」「話す聞く」「書く」が基本的に問われ，数学では「数と計算」「空間と形」「パターンと構造」「量と測定」「データ，頻度，確率」の領域が問われた。

　このほか，生徒が通う学校の教員と保護者を対象に質問紙調査を行い，ドイ

ツの基礎学校における教授—学習環境を概観するとともに、どのような条件が生徒の能力を促すのかについて明らかにしようとした。これら生徒の背景を把握することで、テスト結果の適切な解釈とテスト問題の改善を進めようとしている。

また、「教育スタンダード」とは別に、VERA（比較研究）と呼ばれるテストも IQB には用意されている。これは毎年、第3学年と第8学年を対象に、数学、ドイツ語、第一外国語（英語またはフランス語、ただし第8学年のみ）のテストを、州の判断で行うものである。このテストを実施するうえで VERA として求められる大枠はあるが、テストの実施と評価は各州が行い、その名称も「能力テスト」や「学習標準テスト」と、州ごとである。また、PISA、IGRU、TIMSS とは違い、このテストは教育制度の検証のためではなく、教員の授業と学校の能力の開発を促すための、より学校の最前線に近いツールとして位置づけられている。

以上のように、ドイツ全体としては、KMK の決議に基づく「教育スタンダード」の設定（入力段階）および国内外のテストを通じたモニタリングとテスト問題の蓄積（出力段階）を通じて、教育課程を管理するとともに、各学校の教育課程や個々の授業の改善を促進、支援しようとしていることがわかる。

4 州の教育課程の背景と着眼──2016年のバーデン＝ヴュルテンベルク州（BW州）の場合

次に、州の教育課程（Bildungsplan）を見てみよう。公教育経営上の主な要素である、ヒト（人的資源）、モノ（物的資源）、カネ（財的資源）のうち、教育課程は物的資源の一部だが、ドイツでそれは連邦（Bund）や市町村（Gemeinde）ではなく、州によって示される。日本では、人的条件については、たとえば教職員の給与の多くが国の支援（義務教育費国庫負担制度）を受けた都道府県負担の一方で、物的条件については学習指導要領の告示と教科書検定制度を通じた国の関与が強いが、ドイツでは教職員給与と教育内容のいずれについても、国家としての州が大きな権限を有している。

さて，以下に事例とするBW州は，ドイツの南西部に位置し，面積およそ35,700平方キロメートルと，日本の国土の約10分の1であり，人口は約1,090万人（2016年6月30日現在），ドイツの総人口のおよそ7分の1近くを占める規模である。

同州における前回2004年の教育課程の改訂は，KMK「教育スタンダード」決議の直前であり，すでに「遂行能力志向（Kompetenzorientierung）」のコンセプトは示されていたものの，当時はまだ学術的，実践的に不十分であった。その後，各州で「教育スタンダード」に貫かれる「遂行能力志向」に沿って改訂をしており，同州でもこの間の経緯を踏まえたものとなっている。

振り返れば，2000年のPISAやTIMSSでの結果は，ドイツの生徒の成績が驚くべき低位にあることを示したが，これが学校システムの質を最重要視する連邦全体の視野を導いた。それは，教育の入力段階だけでなく，学校の修了時に生徒たちがどれだけわかっており，またいかに生徒たちができるのかという出力段階への注目，内容重視という伝統的な教育課程から，遂行能力志向への変更であった。

この方向にしたがい，従来の半日学校（Halbtagsschule）から全日学校（Ganztagsschule）へ，学校制度の透過性の強調，就学前および学校における言語促進の機会拡大といった学校政策が進められてきた。この結果，2009年からのPISAの結果は改善され，とくに移民の背景をもつ生徒の成績向上が顕著になっている。また，人口減少と若年層に占める移民の背景をもつ人口の増加も明白で，都市部を除く学校は地域的再編を遂げる必要がある。

そこでの着眼は，ギムナジウムとそれ以外の統合的な学校からなる学校制度の「二本柱」への方向だ。ちなみに，2012/13年から創設された「社会的な学校」（Gemeinschaftsschule）［図7.3では，総合制学校に相当］は，基幹学校，実科学校，あるいはアビトゥアいずれの修了資格にも対応できる，個に応じた学習を促すものとして設計されている。

その他，今後不足が見込まれる専門職，大学における高いドロップアウト（第一学期の段階で15％），インクルーシブ教育に対応するべく，新しい教育課程は，

教育上の正義（Gerechtigkeit）を強めること，すなわち，教育上の障害をなくして透過性を高め，異質性に満ちた環境にふさわしく，個人の能力を高めることを目指している。

これらの背景を踏まえて今回の改訂（2016/2017年より，第1，2学年および第5，6学年から実施）では，遂行能力志向に基づく，教科単位ではなく教科横断的な内容を通じて発展させられるべき諸能力に向けた6つの基本方針が示された。それらは全般的な方針の3つ（①，②，③）と，テーマごとの方針の3つ（④，⑤，⑥）に大別され，次のような内容が挙げられている。

①持続的な発展のための教育（持続的な発展の意義と脅威，複雑性と力学，判断の際の価値と基準，持続的な発展の促進と抑制行動の指標，参加・協同・共同決定，民主的能力，平和的戦略）

②多様性への寛容と受容のための教育（人と社会の多様性，互いの価値を重んじる行動，忍耐・連帯・インクルージョン・反差別，自己発見と他者の生活形態の受容，偏見・ステレオタイプの形態，葛藤への対処と利益のバランス，少数者の保護，文化的・宗教的な相互対話の形態）

③防止・予防と健康の促進（認知と感覚，自己調整と学習，運動とリラックス，身体と衛生，栄養，中毒と依存，いじめと暴力，安全と事故防止）

④職業的志向（労働と職業世界への教科的・行動上の接近，職業・訓練および学修・職業的キャリアに関する情報，自己の能力と潜在力の評価とチェック，職業選択・家庭と生活設計における性差の観点，遂行能力の分析，プロフィールテスト，判断のトレーニング，訓練・学修・職業という移行の設計）

⑤メディア教育（メディア社会，メディア分析，情報と知識，コミュニケーションと協力，生産とプレゼンテーション，メディアに関する青少年保護，情報の自己決定とデータ保護，情報技術の基礎）

⑥消費者教育（自身の資源と環境，生活のチャンスと危険，必要なものと欲しいもの，家計と貯金，消費者の権利，商品の質，日常のコスト，消費行動に影響するメディア）

5 州の教育課程の具体的内容

では，州のこれらの基本方針がいかに具体化されたのかについて，いくつか見てみよう。

(1) 学校種ごとではなく，学校種をまたぐ教育段階として統一された教育課程へ

中等教育段階Ⅰ（第5～第10学年）では，これまでの学校種ごとの修了基準に替わり，「基礎的水準」「中間的水準」「発展的水準」に基づく統一的な基準を設けた。つまり，いずれの中等学校に通っていても，学んでいる内容の基準は同様である。よって，従来は独自性を強調していたギムナジウムも，この段階に共通する教育課程に即することになった。

このことは，外国語教育にも関わっており，基礎学校の第1学年から第一外国語として英語（フランスとの国境に近いライン川流域ではフランス語）を，第二外国語は第6学年からギムナジウム，実科学校，「社会的な学校」で一斉に始めるとともに，バイリンガル教育の強化を図る。ただし，職業基幹学校では第二外国語は提供されない。

(2) 合科教育の再編と新設

複数の教科をまたぐ内容を扱う合科（Fächerverbünde）について，学校種ではなく中等教育として統一するとともに，次のように改める。すなわち，「生物，自然現象，技術」（第5，6学年）では，生物に重点を置いたテーマのほか，化学的，物理的・技術的内容と結びつける。また，「経済，職業，学修」を新たに設けて，生徒の経済的な教育と職業および学修に関わる指導を促す。さらに，これまでの「人間と環境」（実科学校），「健康と社会」（職業実科学校と基幹学校），「経済・勤労・健康」（職業実科学校と基幹学校）と，学校種によって違っていた内容を，「日常文化・栄養・社会」に新たに再編する。

(3) 「教育スタンダード」と学校裁量の授業時数編成

今回の改訂では，中心的カリキュラムと学校裁量のカリキュラムの時間的比率が4分の3と4分の1に定められた。つまり，年36週の授業のうち，27週分の授業は「教育スタンダード」に示される内容を扱い，9週分は各学校の創意工夫で編成する。これにより「学校カリキュラムは，教育課程のガイドライ

表7.7 基礎学校(第1～第4学年)における裁量授業時数表
(2016年4月学校法規則の変更に関する文部省規定)

教　科	裁量時間
宗教[1]	8
ドイツ語	28
外国語[2]	8
数学	21
事実教授	12
音楽[3]	6
芸術／工作	7
運動，遊戯，スポーツ	12
テーマに基づくプロジェクト	教科内で総合的に実施
多様性を促す機会[4]	10

授業時数表に関する留意事項
1　宗教の時間は，法的状況を侵すことなく最上級教会庁の了解を得て割り振られる。宗教の週あたり時間は，当該の教会関係者の参加のもとで決定される。
2　授業時数の長さに応じて，外国語授業は小さな単位時間に分割される。また，文部省の判断によって，フランスとの国境近くは基本的にフランス語，それ以外の地域は英語とする。
3　ガイドラインでは音楽に6時間，芸術／工作に7時間だが，具体的な配分は学校で決める。
4　活用可能な資源の範囲内で，州教育庁が配分する。
出所：http://www.km-bw.de/,Lde/Startseite/Schule/Rahmensetzungen+_+Neuerungen

ンを深化，拡充させることができ，あわせて学校自身の能力を高めることになる。」(文部省)

　また，すでに2004年の教育課程にも当てはまる点だが，必要な授業時数は，卒業までに経るべき総時間数としてのみ示され，学年ごとの割り振りは各学校に委ねられる。各学校は，それぞれのコンセプトを実現するべく，教育上の自由裁量(pädagogischer Freiraum)を活かすことが求められているのである。

　表7.7，表7.8に，基礎学校(第1～第4学年)および実科学校(第5～第10学年)の裁量授業時数表を示す。

　基礎学校4年間の授業数は112，1学年あたり28単位時間となる。ドイツではすべての学校種の1時間が45分なので，週あたりの授業数は日本の小学

**表 7.8 第 5 学年から第 10 学年の実科学校における裁量授業時数表
（2016 年 4 月学校法規則の変更に関する文部省規定）**

教科	裁量時間
Ⅰ 必修領域	
宗教	11
倫理	(5)
ドイツ語	24
必修外国語	23
数学	24
社会領域	
歴史	8
地理	7
市民	5
経済／職業一学修	5
自然科学領域	
生物，自然現象，技術	8
物理	6
化学	5
生物	5
音楽	9
視覚芸術	9
スポーツ	17
個に応じた支援を伴う生徒の遂行能力の分析	2
Ⅱ 選択必修領域	
技術	12
日常生活・栄養・社会	
第二外国語	14
多様化と支援のための予備	8

授業時数表に関する留意事項
・第 5 学年のメディア教育の基礎の授業数は，関係する教科から捻出する 35 時間とするが，教科とその時間数については，全教員会議と学校会議が決定する。
・第 8 学年から第 10 学年の宗教の授業を受けない生徒は，倫理の時間を予定する。宗教の週あたり時間は，当該の教会関係者の参加のもとで決定される。
・合科「生物，自然現象，技術」は，第 5，6 学年で扱われる。また，生物に 4 時間，物理・化学に 1 時間ずつ，技術に 2 時間を充てる。
・必修外国語（第一外国語）の授業は第 5 学年から始まる。選択科目である第二外国語は第 6 学年から 2 時間が充てられる。
・第 7 学年から第 10 学年の選択教科は，技術または日常文化，栄養，社会または第二外国語を合わせて 14 時間とする。
・必修外国語として第 5 学年でフランス語を選択した生徒は，第 6 学年から英語を第二外国語として，また第 7 学年から選択必修領域の教科としてこれを履修しなければならない。
・生物，物理，化学，市民（Gemeinschaftskunde），経済／職業一学修の授業は第 7 学年から，歴史は第 5 または第 6 学年から，その他の科目は第 5 学年から始まる。
・生徒の遂行能力の分析は第 8 学年に行われ，個に応じた支援が促される。
・フランスとの国境に近い実科学校は，第 5 または第 6 学年にフランス語の学習グループを編成する。
・基礎学校で 4 年間フランス語を学んだ生徒には，第 5 学年で英語を必修外国語として履修するが，第 6 学年でフランス語をさらに学ぶ機会が提供される。
・バイリンガル教育を導入した実科学校では，合わせて 9 時間の追加授業が充てられる。
出所：http://www.km-bw.de/,Lde/Startseite/Schule/Rahmensetzungen+_+Neuerungen

校とほぼ同じと見てよい。

これに対して実科学校の6年間の授業時数は202，1学年あたり約34単位時間である。日本の中等学校は50分が基準，週あたりの授業数は29なので，事例のドイツの方がわずかながら授業数が多いといえるだろう。【榊原　禎宏】

4　フィンランド

1　世界的に注目を集めるフィンランドの教育

　フィンランドの教育が世界的に注目されているのは，OECD（経済開発協力機構）が行っているPISA（Programme for International Student Assessment）調査において，「問題解決能力」「読解力」「科学的リテラシー」「数学的リテラシー」の各領域すべてにおいて好成績を収めていることによる。PISA調査は，単なる学習到達度を測るものではなく，生徒の獲得した知識や技能を「実生活のさまざまな場面で直面する課題にどの程度活用できるか」を評価するものであり，この結果をもってただちに「学力世界一」といえるかどうかは論争的ではある。しかし，学力を「知識を振り返り個人的な目標を達成し，社会への適切な参加をめざす」キー・コンピテンシーと結びつけて構想するようになってきた世界の趨勢からすれば，フィンランドの「教育的成功」は，21世紀の教育を考えるうえで重要なモデルの1つとなりうることはまちがいない。

2　教育の目的と基本的な原則

　PISA調査を通じて明らかになったフィンランドの教育の特徴は，子どもたちの得点の高さもさることながら，学校間・生徒間の得点差がきわめて小さいことである。これは，教育における平等主義が，制度・教育課程・具体的な教育活動を貫いて追求されてきた結果であるとフィンランドの教育関係者には受けとめられている。そこで小論でも，平等主義がどのように実現されているのかを概観するところから検討を始める。

(1) 平等こそが教育の質を高める

　フィンランドの教育の原則は憲法第16条にある次の規定によって定められ

126　第7章　諸外国における教育課程の現状

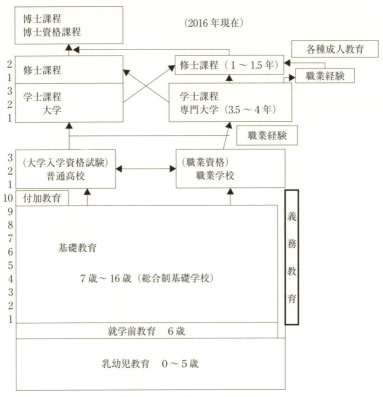

図7.4　フィンランドの学校制度

出所：Finnish National Agency for Education
　　　Finnish education in a nutshell (2017) より作成。

ている。

　「すべての市民（フィンランド国籍であるかどうかにかかわらず）は無償の教育を受ける権利を持つ。行政は法律に則って，すべての国民が義務教育だけでなく能力と必要に応じた教育を平等に受けられる機会を保障し，経済的状況を問わず自己を発達させる機会を保障しなければならない。科学，芸術，高等教育の自由は保障されなければならない。」

　日本国憲法第23条，第26条ともよく似た規定だが，フィンランドでは伝統

的に平等と公正をもっとも重要な価値として社会が構成されてきたのであり，憲法のこの条項も 1919 年にはじめて制定されて以来，内容はほとんど変更されていない。そして，1970 年以降の教育改革のなかでも「平等こそが教育の質を高める」ということがたびたび確認されてきた。こうした理念に支えられた憲法と日本の小・中学校にあたる総合制基礎学校のあり方を定めた「基礎教育法」(Basic Education Act) によって，その平等性は具体化されている。

(2) 徹底した教育の無償制

その１つは，教育の無償制の徹底である。これはなにもフィンランドに限ったことでなく EU 加盟国の多くがそうであるように，義務教育である基礎学校はもちろんのこと，高校・大学においても，また公立・私立にかかわりなく授業料・学費の私費負担は必要としない。また，給食や教科書・教材等も原則として無償で提供されることになっている。さらに，教育給付金などの制度もあり，経済的事情で教育に関する不平等が生じないための工夫がなされている。

(3) 多様性の尊重

そのほかにもすべての学校が共学であることや，居住地域によって受けられる教育の質が異ならないように配慮されていることなど，平等主義は徹底しているが，他方では，自然的・文化的多様性を尊重することも重視されている。たとえば，フィンランドにはフィンランド人のほかに，スウェーデン系（フィンランドの全人口 520 万人の 5 ％程度にあたる 30 万人）や少数民族であるサーメ人（6500 人），そのほかにもロマ人や移民の家族なども暮らしているが，日本の「学習指導要領」にあたる「ナショナル・コア・カリキュラム (National Core curriculum)」は，それらをふまえて教育の目的を次のように規定している。

> 「基礎教育は，人権，平等，民主主義，自然的多様性，社会の持続的発展および文化的多元主義に基礎をおき，個人の権利と自由とともにコミュニティへの責任感を促進するものである。」

このように，フィンランドの社会と文化的活動に十全に参加できるよう子どもたちを教育することを促す一方で，それぞれの民族・コミュニティがもっている固有の文化的価値はまったく同等なものとみなして，その相互理解の重要

性を述べている。そして基礎教育法第12章において，フィンランド語，スウェーデン語，サーメ語による授業を行うとともにロマ語，障害ある子どものための手話などのサイン・ランゲージ，その他の言語と文化の学習を，子どもの必要に応じて行うことと規定している。

(4) 生涯にわたる発達と学習機会の提供

もう1つフィンランドの学校の教育課程を理解するうえで重要なことは，人間は生涯にわたって発達する権利をもち，教育は学校のなかだけで完結するものではないことをふまえた教育のあり方が模索されていることである。実際，成人教育を実施している機関は1000を越え，それらは職業資格認定や市民教育の重要な一端を担っている。また大学が学位の一部として認めるオープン・ユニバーシティの受講者も年間13万人を超えている。こうした生涯学習社会への移行にともなって，1980年代から90年代にかけての地方分権化，単線型・総合型へむけた学校制度改革期には，実際生活に即した学びの重要性が強調されるとともに，教師が「教えること」よりも生徒が中心となる「学ぶこと」を重視し，子どもが自分の学びを自分で方向づけ，創造することができる能力の発達を促すことを教育の目的の1つとしている。中等教育段階では，このことはより目に見えるかたちで制度化されており，とくに高校では，すべての授業はコース別に小さなユニットで構成され，生徒は自分の必要に応じて学習計画を立てていくことになっている。

3 教育課程の原理と原則

(1) 義務教育

義務教育である総合制基礎学校は，1998年の基礎教育法改正にともなって，6年間の初等教育段階と3年間の前期中等教育段階の2つが連続するものとなっており，新設校はすべて9年制小中一貫校となっている。

一般的には，子どもが満7歳になる年の8月に入学することになるが，なかには保護者の意向や医師・教師と相談のうえで入学を1年遅らせるケースもある。また，義務教育終了段階での習得が不十分であると判断された場合には，

子ども自身やその保護者と十分に話し合いながら「10年目のプログラム（付加教育）」を受けさせる場合もある。これらは，子どもの発達状況や個性をふまえながら，十分に基礎教育をうけることをできるようにすることが教育的平等を保障するものであるという発想から制度化されたものである。

(2) 『ナショナル・コア・カリキュラム』

総合制基礎学校での履修科目の基準や教育目標の基礎となるのは，国家教育委員会 (National Education Board) が作成する『ナショナル・コア・カリキュラム』である。しかし，90年代半ばの地方分権化によって，実際の教育課程編成は地域・学校・教師に大幅にゆだねられており，その実態は地域・学校によって相当に異なるものといえよう。なお，「ナショナル・コア・カリキュラム」は2014年に改定されたが，グローバル社会，知識基盤社会に対応するコンピテンシーの育成をめざす経済合理的な教育目標が相変わらず強調されている。しかし，その一方で，「子どもの声を聴く」ことを通じて学びの場における自由と安心の確保や，個に応じた教育課程編成の必要性や協働での学びの意義について大きな注意を払っている点は教育学的な観点から見て特筆される。

① 履修科目と授業時数の配当　フィンランドにおける授業時数の少なさはよく知られている。法律で定められた総合制基礎学校における年間最低授業時数の平均は900時間であり，これはOECD加盟国平均よりも約100時間少ないものとなっている。

学年ごとに週あたりの最低授業時数を見ると，第1・2学年は19時間，3学年は23時間，4学年は24時間，5・6年は25時間，7・8学年は29時間，9学年は30時間を基準として組み立てられている。また，子どもたちが履修する科目は，おおむね2年間をひとまとまりとして，以下のように構成されている（表7.9）。

第1～6学年では，「母語」「外国語」「算数・数学」「環境および自然科学」を中心に構成されており，第7～9学年では「環境および自然科学」をより細分化・専門化するかたちで，「生物」「地理学」「物理・化学」の授業が行われるほか，「歴史」や「現代社会」などの科目が加わることになる。

表7.9 基礎学校の教科時間数

教科	週最低時間数 1-2	週最低時間数 3-4-5-6	週最低時間数 7-8-9	合計／年
母語	14	18	10	42
選択言語A（中級）	－ －	9	7	16
選択言語B（中級）	－ －	－ － － 2	4	6
算数・数学	6	15	11	32
環境学習	4	10		
生物・地理(1)			7	
物理・科学(1)			7	
健康教育(1)			3	
環境と自然科学（合計）		14	17	31
宗教または倫理	2	5	3	10
歴史と社会科学(2)	－ －	－ － 5	7	12
音楽	2	4	2	8
美術	2	5	2	9
手工	4	5	2	11
体育	4	9	7	20
家庭科・家政学	－ －	－ － － －	3	3
芸術・実技系選択科目		6	5	11
芸術・実技系科目合計				62
教育相談・進路指導	－ －	－ － － －	2	2
選択科目			9	9
最低必要時間合計				222
選択言語A2　（上級）	－ －	－ －	(12)	
選択言語B2　（上級）	－ －	－ － －	(4)	

注：(1)については第1－第6学年までは環境教育として統合されている。
　　(2)社会科学は第4－第6学年において最低週2時間、第7学年以上は最低週3時間配当。
　　言語A・Bは、母語以外の公用語（スウェーデン語、フィンランド語）または外国語。
出所：Finnish National Agency for Education（EDUFI）2012年
　　　http://www.oph.fi/etusivu（http://www.oph.fi/english/education_system_education_policy）より作成。

いずれにしても，どの科目をいつ学習するのかは教師の判断にゆだねられている部分も多く，それらは子どもや学校の実態に即して柔軟に学年配当されてよいこととなっている。

② **教科横断的テーマ**　「実際の生活に即した学び」が重視されるフィンランドの学校においては，教科を横断するテーマとして，「人間としての成長」「文化的アイデンティティと国際化」「メディア・リテラシーとコミュニケーション」「シティズンシップと企業家精神」「環境・福祉・持続可能な社会への責任」「安全と交通」「科学技術と人間」などのテーマに則した学びを重視する傾向が強まっている。これらを学ぶことを通して市民としての権利と責任を自覚するとともに，教育が義務ではなく自分の人生を準備するためのものであるとの感覚を身につけていくことが期待されている。

③ **言語の習得**　フィンランドの学校教育において「言語」の習得は特別な位置を与えられている。そのために『ナショナル・コア・カリキュラム』では，「フィンランド語」「スウェーデン語」「サーミ語」「サイン・ランゲージ」をそれぞれ「母語」とする子どもたちの言語の学習の原則・方法が述べられているが，あらゆる学習の基礎に言語があること，そしてその習得は子どもの実際の生活に即して行われるべきこと，さらに自らの民族・コミュニティが培ってきた言語や文化に誇りをもつと同時に他の民族・コミュニティに属する人々への理解と尊敬を払うことが繰り返し強調されている。

④ **評価**　子どもたちの学習の成果は，通常学期末に教師によって評価される。第7学年以下は数字による評価がない場合も多く，言葉での評価をとおして子どもを励まし，子どもの学習の方法や内容を方向づけることになっている。それは，すでに述べたように教育の目的の重要な要素として，子どもが，自ら学ぶべきことを自己決定する能力の育成が掲げられており，教師はそれを手助けする役割を担うものであるとされているからである。生徒を比較し順位をつける試験が原則として禁止されていることや，評価の規準が学校や教師によって多少異なっていたとしても大きな問題ではないとされていることも，その意味では不思議なことではない。もっとも，最終学年における評価は，進路を決定

する際の参考となるべきものであることもあって,『ナショナル・コア・カリキュラム』に示された到達目標に照らして,どの程度の習得がなされたのかを厳格に行うこととなっており,同時にその評価の根拠については子どもと保護者に説明されなければならないものとされている。

4 進路

　生涯学習社会であるとともに高学歴社会でもあるフィンランドでは,今日25歳から64歳までの人口に占める高校卒業以上の資格をもつ割合は73%であり,大学卒業以上の資格をもつ者も33%を越えている。これらはともにEU諸国でもっとも高い水準を誇っている。

　義務教育である総合制基礎学校を修了するとほとんどの子ども(98%)は,後期中等教育(高校)段階に進むが,ここで興味深いのは,およそ半分の生徒がいわゆる普通高校(upper-secondary school)へ進学するのだが,残りの半分が職業学校(vocational school)へ進学することである。この要因は,単純ではないが,おそらくひとつには,高校がランクづけされておらず,単なる学業成績よりは,将来の人生設計や適性によって進学先を選ぶことが当たり前とされてきた社会的・文化的背景があるように思われる。また,どちらのタイプの高校へ進んだとしても,高等教育レベルの教育を受けることが保障されており,自分の関心や適性に応じた専門性を深く追求できる条件が整っているからでもある。

5 教育課程編成と教師の教育の自由

　フィンランドの教育における「成功」が語られる際に,必ず話題になるのは修士課程修了以上が教員の資格要件であり,それに由来する専門性の高さである。しかし,それ以上に重要なことは,教師に学校運営と教育実践に大きな権限と自由が与えられていることであり,そこに生まれる「当事者意識」が,フィンランドの教師たちの専門職意識の一部を構成しているといってもまちがいないだろう。

　たとえば,教育課程の編成はもちろんのこと,教師は担当する子どもたちの

状況や自らの教育観に基づきながら，適切と思われる教科書を選び，必要と思われる時間割の編成を自由にかつ柔軟に行うことができるようになっている。

こうした自由さと柔軟性があってこそ，子どもの発達にとってより効果的な教育が提供できるという確信のもとに，教育活動が展開されている。

【佐藤　隆】

5　韓　国

しばしば韓国の親，学生たちの受験過熱ぶりが伝えられる。学校外教育（塾，学院と呼ばれる）は，親たちの経済的負担となり，教育費の民間支出対 GDP 比は 2007 年で 2.8％である。OECD の平均は 0.5％であるからかなりの高額であることがわかる[12]。OECD 加盟国中最も低い合計特殊出生率（1 人の女性が生涯に産む子どもの数）による少子化を背景に，日本の 2 倍以上に達する私的負担が学校外教育を隆盛させるのである。親たちはこぞって教育投資こそ責務と感じているが，そこには伝統的な社会規範にも原因する面があろう。1997 年の IMF（国際通貨基金）金融危機以降には国民の所得格差が拡大し，それに合わせ学力格差の問題も顕在化してきた。しかも大学を卒業しても正規の職に就けない就職難も大きな社会問題として顕在化している。OECD の国際学力調査（PISA）で高い成績をおさめながらも不況と経済，社会問題に揺れる韓国の教育界がある。とはいっても所得にかかわらず，親の子どもに対する教育期待は高く，その点で日本以上に総体的な教育へ投資や教育改革を希望する世論が強い。

1　韓国の学校の概観

(1)　学校風景

韓国の学校は，日本の学校制度に類似している。6・3・3・4 制の学校体系の制度である。韓国と日本，台湾等は，第二次世界大戦後にはアメリカの教育政策が強力に導入され，日本と類似した教育課程を採用してきた。

といっても日本の植民地支配という歴史の痕跡も解放後も長く残留し，たとえば初等学校を「国民学校」と呼称してきたが，その名称が廃止されたのは

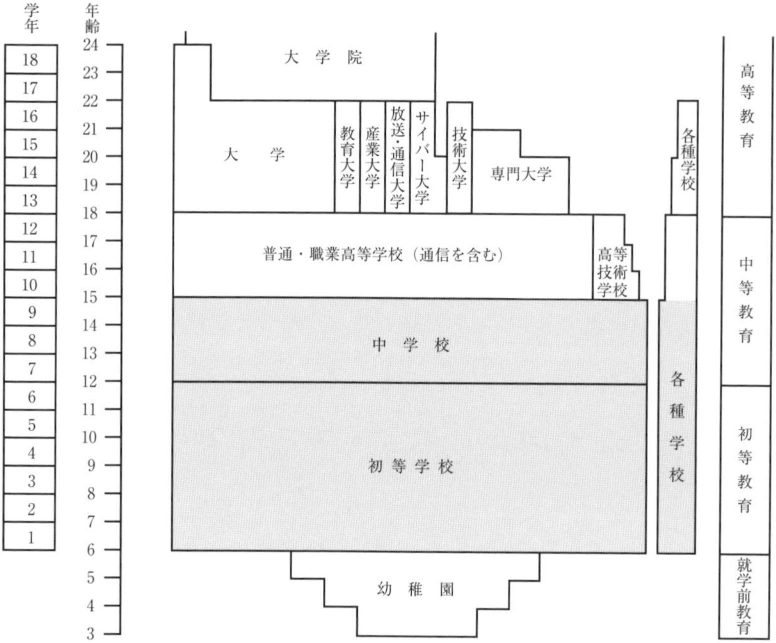

図7.5 韓国の学校系統図

出所：文部科学省『諸外国の教育動向 2016年度版』明石書店，2017年

1996年であった。社会や歴史，国語，道徳などの政策的な教科は，日本の根深い植民地支配政策の痕跡から脱却するために，民族主義的な韓国の優位性や国のまとまりを強調する内容で編成されてきた。また朝鮮戦争以来，北朝鮮（朝鮮民主主義人民共和国）との軍事的対峙のもとで，反共教育にも力が入れられてきた。ようやく1990年代後半になって，南北統一のための「統一教育」なども推進されるように変化してきたのである。日本の置かれた牧歌的状況とは異なり，政治的軍事的な緊張観が，教育を規定してきた歴史と現状を前提にすることが，この国の教育を理解するためには不可欠の視角なのである。

さて，学年度は毎年3月から翌年の2月末までであり，学期は2期制となっており，授業期間は1学期は3月から7月始めまで，2学期は8月末から12

月末までである。2月に1週間程度の通学期間があり，そして3.1独立記念日の次の3月2日から，華やいだ新学期が開始される。また，2012年度から隔週で行われていた初等中等教育機関の学校週5日制を毎週実施するようになった。学生は，初等学校から居住地域に位置する近隣の学校に通学するが，現状では公立，私立，国立の種別があっても一元的である。

(2) 平準化政策と遂行評価

総人口の4分の1が集住するソウル特別市と2番目の大都市釜山広域市を中心に，1974年から「平準化」政策を採用している[13]。平準化は，高等学校進学に関する教育政策であり，簡単にいえば，日本の公立中学校入学と同じように，高等学校も居住する学区（小学区）の指定された高等学校に機械的に配分されるというものである。自由な高等学校選択システムではないのである。公立，私立の区別もなく，高校間の格差を是正するためにとられていたから，しばしば私立教育の独自性無視という批判も起こってきた。異常な受験競争を避けようという配慮から採用された韓国独特の政策である。なお高校は大きく普通高校と職業高校に分けられる。普通高校には芸術・体育・科学・外国語高校も含まれており，これら英才学校と職業高校は学区に関係なく受験できる。

2001年からの第7次教育課程では，小・中・高校の遂行評価システムの導入が強く打ち出された。遂行評価とは，学期末試験等で成績を決定するのではなく，授業過程におけるきめ細かなプロセス評価に基づいて成績評価しようというものである。全国一律に実施しようとしたために，政府や教育庁は，さまざまな手引き書を開発して啓発してきたが，教育現場はどれほど改善されたかその評価は難しい。

こうした状況に対して2005年，政府の諮問を受けた教育評価院では，次期教育課程改正の方針を具体的に提言し，それを受け人的資源部では2007年2月28日に新教育課程を発表した[14]。2007年改訂教育課程である。

2　2007年改訂教育課程から2009年改訂教育課程へ

2007年改訂教育課程は，革新政権の盧武鉉（ノムヒョン）政権の時に作成された。国民共

通基本教育課程を定めて，小学校，中学校，高校1学年までの10年間は共通のカリキュラムで学び，高校2・3学年は選択科目で学ぶというものだった。また，小学校1学年からの英語教育，科学技術の重視と英才教育，歴史教育の強化などを特色としていた。この教育課程は2009年3月より順次実施されることになっていたが，2008年2月に保守政権の李明博(イミョンバク)が大統領になったことで大きな方向転換を迫られるようになる。2009年に新たな教育課程が出されたからである。韓国の教育課程は，1945年の解放後よりおおよそ8～10年おきに改訂がなされていた。しかし，この李明博政権により教育改革の流れにすばやく対応できるようにという理由で随時，教育課程を改訂することができるようになった。一方で，それは5年間の大統領任期中に政権の意向に応じた内容に教育課程を変更できることを意味している。

　このような理由で2007年に改訂した教育課程はわずか2年で改訂され，新しく定められた2009年改訂教育課程はそうした李明博政権の新自由主義経済政策の影響を大きく受けた内容となった。まず，2007年に定められた小学校から高校1年までの10年間を国民共通基本教育課程と定めたことを変更し，小学校と中学校の9年間だけを共通教育課程とした。そして，高校3年間は学校自律化・多様化・特性化政策の下で選択課程とされた。ここでの学校自律化，多様化，特性化というのは，学校に大幅な裁量をもたせて，学校や生徒の特質，実態に即した多様な教育を行うということである。また，従来よりあった学校の裁量活動，特別活動を統合した「創造的な体験活動」という教科を新設した。これは日本の総合的な学習の時間に類似している。加えて，学年群，教科群の編成がなされ，集中履修制が導入された。学年群とは初等学校は1・2学年，3・4学年，5・6学年，中学と高校はそれぞれ1つの学年群というまとまりにし，2年間で学んでいたことを1年にして内容を集中的に履修することができるという自由度を高めたものである。さらに，教科群とは高校で複数の教科を群として編成したことであり，学期当りの履修科目数を7～8科目に限定し，集中履習制により各学校が特定学期に特定科目を集中的に履修し終えることができるようにした。これにより，学習内容を細切れに教えずにすむこと，生徒

の履修科目数が減るなどが利点とされた。反面，教科の特質によっては集中的でなく段階的に時間をおいて学ぶ必要があることが指摘されている(15)。

3　2015年改訂教育課程をめぐって

　教育課程の随時変更が可能となったことから，次の朴槿恵(パククネ)政権下の2015年にも教育課程は改訂された。改訂点として，「知識偏重の暗記式教育」から「学ぶことを楽しむ幸福な教育」に転換すること，核心的な概念・原理中心の学習内容の適正化と児童・生徒中心の教室授業の改善，統合社会・統合科学など統合科目新設を通じた文・理統合教育の基盤準備などが挙げられた。このなかでとくに注目されるのは，日本でいう資質・能力の考え方が，核心的な概念・原理を学ぶという核心力量(핵심역량, Key Competencies)という名前で導入されたことである。これは「追究する人間像」を具現化するために新しく設けられたものであり，教科教育を含む学校教育の全課程を通じて育成する6つの力量として示されている。

　具体的には表7.10のように，育成すべき資質・能力として，自己管理の力量，知識情報処理の力量，創意的思考の力量，審美的感性の力量，意思疎通の力量，共同体発展に参与する力量が明示された。一方，改訂された日本の学習指導要

表7.10　核心力量の6つの内容

1）自我アイデンティティと自信感をもち，自身の生活と進路に必要な基礎能力と資質を持ち，自己主導的に生きていくことが出来る自己管理の力量。
2）問題を合理的に解決するために，多様な領域の知識と情報を処理し活用することができる知識情報処理の力量。
3）幅広い基礎知識を基礎に，多様な専門分野の知識，技術，経験を融合的に活用して新しいことを創出する創意的思考の力量。
4）人間に対する共感的理解と文化的感受性を基礎に，生活の意味と価値を発見して，享受する審美的な感性の力量。
5）多様な状況で自身の考えと感情を効果的に表現し，他の人々の意見に傾聴し，尊重する意思疎通の力量。
6）地域・国家・世界共同体の構成員に要求される価値と態度をもち，共同体の発展に積極的に参与する共同体の力量。

出所：教育部『初中等学校教育課程総論』〔別冊1〕2017より作表。以下の表7.11，7.12の引用も同資料による。

領では，育成すべき資質・能力が「学びに向かう力・人間性等の涵養」「思考力・判断力・表現力等の育成」「知識・技能の習得」とされた。同じように資質・能力が明記された日本と比較してもその迅速性と具体性は目を見張るものがあろう。また，生徒に「夢と才能」(꿈과끼)を与える教育課程として，2009年改訂教育課程以上に教育課程の編成・運営の自律性を拡大し，生徒の進路と適性に合わせた高校の進路選択科目領域が新設された。これにより，「国語」3科目，「数学」4科目，「英語」4科目，「社会(歴史/道徳含め)」3科目，「科学」7科目が進路選択科目として設けられた。加えて，産業系の高校では産業現場の職務中心の職業教育システムが始まることになった。

　以上のことを整理すると，2015年改訂教育課程の特色は次の通りである。①2009年同様，教育課程を初等学校1学年から中学校3学年までの共通教育課程，高等学校の3年間を選択中心教育課程として編成・運営する。②高等学校の選択中心教育課程は4つの教科領域(基礎，探究，体育・芸術，生活・教養)

表7.11　韓国の小学校・中学校の教育課程－共通教育課程

区分		初等学校			中学校
		1～2	3～4	5～6	1～3
教科(群)	国語	国語 448	408	408	442
	社会／道徳		272	272	510
	数学	数学 256	272	272	374
	科学／実科	正しい生活 128	204	340	680
	体育	賢い生活 192	204	204	272
	芸術(音楽／美術)	楽しい生活 384	272	272	272
	英語		136	204	340
	選択				170
	小計	1,408	1,768	1,972	3,060
創意的体験活動		336 安全な生活(64)	204	204	306
学年群別総授業時間数		1,744	1,972	2,176	3,366

備考(抜粋)：1時間の授業は40分を原則にするが，気候や季節，学生の発達程度，学習内容の性格，学校実情などを考慮して編成・運営することができる。学年群および教科(群)別の時間配当は年間34週を基準とするが，2年間の基準授業時数を表している。学年群別の総授業時間数は最小授業時数を表している。

表7.12 韓国の高等学校の教育課程（一般高校など）－選択中心教育課程

教科領域	教科(群)	共通科目(単位)	必修履修単位	自律編成単位	
				一般選択	進路選択
教科(群)	基礎	国語	国語(8)	10	話法と作文，読書，言語と媒体，文学	実用国語，深化国語，古典読解
		数学	数学(8)	10	数学Ⅰ，数学Ⅱ，微積分，確立と統計	実用数学，幾何，経済数学，数学課題探究
		英語	英語(8)	10	英語会話，英語Ⅰ，英語読解と作文，英語Ⅱ	実用英語，英語圏文化，進路英語，英米文学読解
		韓国史	韓国史(6)	6		
	探究	社会(歴史／道徳含む)	統合社会(8)	10	韓国地理，世界地理，世界史，東アジア史，経済，政治と法，社会・文化，生活と倫理，倫理と思想	旅行地理，社会問題探究，古典と倫理
		科学	統合科学(8) 科学探究実験(2)	12	物理学Ⅰ，化学Ⅰ，生命科学Ⅰ，地球科学Ⅰ	物理学Ⅱ，化学Ⅱ，生命科学Ⅱ，地球科学Ⅱ，科学史，生活と科学，融合科学
	体育・芸術	体育		10	体育，運動と健康	スポーツ生活，体育探究
		芸術		10	音楽，美術，演劇	音楽演奏，音楽鑑賞と批評，美術創作美術鑑賞と批評
	生活・教養	技術・家庭／第二外国語／漢文／教養		16	技術・家庭，情報	技術・家庭，情報	農業生命科学，工学一般，創意経営，海洋文化と技術，家庭科学，知識財産一般
					第二外国語	ドイツ語Ⅰ，日本語Ⅰ，フランス語Ⅰ，ロシア語Ⅰ，スペイン語Ⅰ，アラブ語Ⅰ，中国語Ⅰ，ベトナム語Ⅰ	ドイツ語Ⅱ，日本語Ⅱ，フランス語Ⅱ，ロシア語Ⅱ，スペイン語Ⅱ，アラブ語Ⅱ，中国語Ⅱ，ベトナム語Ⅱ
					漢文	漢文Ⅰ	漢文Ⅱ
					教養	哲学，論理学，心理学，教育学，宗教学，進路と職業，保健，環境，実用経済，論述	
	小計			94	86	
	創意的体験活動			24（408時間）		
	総履修単位			204		

備考（抜粋）：1単位は50分，17回を基準にするが，50分は気候や季節，学生の発達程度，学習内容の性格，学校の実情などを考慮して弾力的に編成・運営することが出来る。基礎教科領域の履修単位の総合は，教科の総履修単位の50％を超過しない。創意的体験活動の単位は最小履修単位であり，（　）内の数字は履修単位を履修時間数へ換算することができる。総履修単位数は高等学校3年間に履修しなければならない‘最小履修単位’を意味する。

に区分され，教科（群）別必修履修単位を提示する。③高等学校の教科は共通科目（単位）と自律編成単位に区分し，共通科目はすべての学生が履修するが，自律編成単位の一般選択および進路選択は各学校および生徒の実情に応じて実施する。④学生の負担軽減および学習効率のために学期当りの履修教科目数を調整し，集中履修を実施する。⑤創意的体験活動は，学生の資質と潜在力を開発し，共同体意識を育てる。この教育課程は，2017年から小学校1・2学年に適応され，2020年には高等学校まで完全移行される予定である。

これ以外にも，朴政権下で，2016年度より中学校で自由学期制度が導入されている。これは，特定の1学期を「自由学期」と定めて体験的な学習を行うもので，教科の授業で討論や実習を中心にテストによる評価は原則として行わないとされる。

おわりに

李明博政権下で出された2009年改訂教育課程は，新自由主義経済の影響を強く受けた教育課程である。10年ぶりに2007年に改訂された教育課程をわずか2年で変更しただけでなく教育課程の改訂を随時できるようにした。日本の資質・能力に当たる核心力量という概念が導入され，高校3年間は学校裁量の時間を大幅に増やし，教科の統合が進み，共通科目以外はすべて選択科目となった。教科群および集中履修制も導入されたことにともない，各教科の学びの特性を無視した授業が行われるという批判も受けた。同じ保守政権の朴槿恵の下で改訂された2015年改訂教育課程も基本的に同じ路線を歩んでいる。

2017年には革新勢力である文在寅(ムンジェイン)が政権を握った。文政権は，朴政権が進めた歴史教科書の国定化を即刻廃止するなど，教育改革にも積極的な姿勢を見せている。

【國分　麻里】

注
（1）独立行政法人国立特殊教育総合研究所「Ⅲ　主要国における特別な教育的ニーズを有する子どもの指導について−2．アメリカ　Ⅱアメリカ連邦政府」http://www.nise.go.jp/kenshuka/josa/kankobutsu/pub_f/F101/chapter03_a02.html

（2） 岸本睦久「『教育スタンダード』をめぐる動向」現代アメリカ教育研究会編『カリキュラム開発をめざすアメリカの挑戦』教育開発研究所，1998年，19-24頁，ならびに『平成14年度文部科学白書』「第1部第5章第2節　アメリカ合衆国1　おちこぼれを作らない」http://www.mext.gp.jp/b_menu/hakusho/html/hpab200201_2_039.htmlを参照。
（3） ミルウォーキー市学区教育行政局のカリキュラム指導部局のカリキュラムスペシャリストである，シャロン・ダトカ氏，ミリー・ホフマン氏に筆者が行ったインタビュー調査による（2000年1月19日実施）。
（4） 学区教育行政局カリキュラムスペシャリストのシャロン・ダトカ氏へのインタビューによる（2000年1月19日実施）。
（5） Standardized Assessment is changing Education, *Milwaukee Journal Sentinel*, June17. 2001.
（6） GCSEとは，ナショナル・カリキュラムと同じく1988年に誕生した新たな中等教育修了資格である。イギリスの子どもたちはKS4の末にこの試験を受け，合格した科目のみ中等教育修了の資格を得る。
（7） 2007年度からは，正式には achievement and attainment tables という名称に変更された。
（8） 生徒の進路や学校の評価などのように，当事者の利害に直接結びつくテストをハイステイクスなテストと呼ぶ。日本では，高校入試やセンター試験などがこれに相当する。
（9） 教育改革によってもたらされた弊害など，今のイギリスの教育状況を知るには，阿部菜穂子『イギリス「教育改革」の教訓』岩波ブックレット，2007年が参考になる。
（10） S.R.St.J. Neill, *National Curriculum Tests,* Institute of Education University of Warwick, 2003を参照。
（11） M. Shayer, D. Ginsburg and R. Coe, Thirty years on－a large anti-Flynn effect? The Piagetian test Volume & Heaviness norms 1975-2003, *British Journal of Educational Psychology*, 77. 2007.
（12） OECD Education at a Glance, 2010.
（13） 2011年の時点で平準化の地域は日本の政令指定都市に相当する広域市や特別市を中心に27ある。
（14） ここまで，坂井俊樹著「韓国」『教育課程　教師教育テキストシリーズ9』（山﨑準二編），学文社，2009年を一部修正した。
（15） 歴史学を専攻する徐毅植は，英語は集中的に授業をすることが効率的であっても，社会教科群に属するような科目，たとえば倫理や歴史は特定学期だけ学び他の学期に忘れても良いというわけでなく，段階的に時間をおいて考えなければならない科目であると主張する。

考えてみよう

〔[1]節〕ミルウォーキー市学区のように，州の教育課程の「スタンダード」に準拠した「統一学力テスト」を実施するとした場合，学校教育現場にはどのような利点と問題点がもたらされるだろうか。

〔[2]節〕イギリスのナショナル・カリキュラムの特徴として，①大綱的であること，②「学習プログラム」と「到達目標」が併せて示されていることがあげられる。110頁に掲載されている「歴史科の学習プログラムと到達目標」と日本の社会科の学習指導要領を実際に比較し，両者の違いと特徴を考えてみよう。

〔[3]節〕事例となったドイツの初等学校と中等学校の「授業時数表」と日本のそれらを見比べて，内容と配列ほか両者の共通点と相違点について，整理してみよう。

〔[4]節〕フィンランドにおける生徒への評価の仕組みや発想について，日本の場合と比較しながら考えてみよう。

〔[5]節〕小中は共通，高は選択という韓国の教育課程から，日本の教育課程の特徴を探ってみよう。

参考文献

岸本睦久『カリキュラム開発をめざすアメリカの挑戦』現代アメリカ教育研究会編，教育開発研究所，1998年。

福田誠治『全国学力テストとイギリス―子どものための教育評価を目指して―』アドバンテージサーバー，2007年。

二宮衆一「英国における試験制度の展開」田中耕治編著『教育評価の未来を拓く―目標に準拠した評価の現状・課題・展望―』ミネルヴァ書房，2003年。

木戸裕『ドイツ統一・EU統合とグローバリズム　教育の視点からみたその軌跡と課題』東信堂，2012年。

ヘイッキ・マキパーほか（高瀬愛翻訳監修）『平等社会フィンランドが育む未来型学力』明石書店，2007年。

庄井良信・中嶋博編著『フィンランドに学ぶ教育と学力』明石書店，2005年。

渡辺あや「学力世界一の学校　フィンランド」二宮皓編著『世界の学校』学事出版，2006年。

徐毅植（國分麻里訳）「韓国における『2009改定教育課程』と『2014修能改編案』」君島和彦編著『歴史教育から「社会科」へ―現場からの問い―』東京堂出版，2011年。

第8章 教育課程をめぐる諸問題

1 総合的な学習と教育課程（生活科問題も含む）

　総合的な学習の時間（1998年版学習指導要領設置），生活科（1989年版学習指導要領設置）は，教育課程上の位置づけはそれぞれ「時間」と「教科」だが，いずれも総合的な性格をもち，探究活動，体験活動が重視されている。また両者とも，子どもたちの社会や自然体験不足が設置背景にあり，「生きる力」の育成に直結している。新学習指導要領においては，低学力批判のなかで，「ゆとり教育の象徴」（毎日新聞，2008年2月16日）である「総合的な学習の時間」は時間数削減の対象とされた。低学力批判の矢面に立たされた観のある「総合的な学習の時間」だが，理念や内容が否定されたわけではない。いったいどのようなことが真の問題・課題であって，それをどのように解決していけばよいのか，あらためて検討する必要があるだろう。

1　新学習指導要領における総合的な学習の時間，生活科

　前回の学習指導要領における改訂の目玉として登場した総合的な学習は，今回の指導要領改訂において，教科の時間増とは対照的に時間数が削減され，その占める位置は後退した。小学校では総時間280時間（−150時間），中学校で190時間（−20〜−145時間）である。学習指導要領改訂の方針を策定した中央教育審議会（中教審）においては，体験的な活動，教科等を横断した課題解決的な学習や探求活動に取り組むことについて重要性を認めながらも，各教科における同類の活動の充実や小学校高学年における外国語活動の新設を条件にして，削減する方向が示された。

新学習指導要領では、「総合的な学習の時間」に、総則から独立させて章を設け、「探究的な学習」を目標とすることを明示した。また発達段階に応じた取組みとして新たに小学校で「地域の人々の暮らし」と「伝統と文化」、中学校で「職業や自己の将来」を例示した。また、他の教科や道徳、特別活動との目標、内容との違いに留意することを求め、小学校では外国語活動が新設されるのに従って、国際理解に関することを学ぶ際には、語学ではなく、諸外国の生活や文化などの体験や調査に特化するよう求めた。

また、総則において特別の成果が期待できる場合には、「総合的な学習の時間」（総合学習）をもって学校行事に代えることもできるとした。

一方生活科は、「自分のよさや可能性に気付き、意欲と自信をもって生活することができるようにする」ことを目標に追加した。また児童のとりまく環境の変化を考慮して、安全教育や遊びに使うものを工夫してつくって、そのおもしろさや自然の不思議さに気づくことを項目として加えた。なお、生活科の場合は、とくに時間数の削減などはない。

2 総合的な学習の時間について浮き彫りになった問題点

(1) 総合的な学習の時間に対する教師の意識と子どもの意識

総合的な学習の時間については、小学校教員、中学校教員とも、時間数を削減したり、あるいは「なくしてもよい」と思っている教員が多い。ベネッセの調査（2007年）[1]によれば、小学校教員で「なくしてもよい」20.0％、「時間を削減したほうがよい」48.6％、中学校教員で「なくしてもよい」34.0％、「時間を削減したほうがよい」42.7％、両者とも7割を超える教員が時間数削減、廃止に傾いている。とくに中学校の教員の3人に1人が「なくしてもいい」としている。

ここにどのような問題が存在するのか？ それを考えるのにもう1つ興味深い資料がある。それは、総合的な学習の時間について、「得意」「不得意」で時間数削減に対する意識がずいぶん違うことである。「得意」と答えた教員は、「なくしてもよい」が11.6％であるのに対し、「不得意」と答えた教員は26.8％に

も及んでいる。これはいったい何を意味しているのであろうか。

　1998年版学習指導要領では,「総合的な学習の時間」は学習指導要領の総則の位置におかれ,学習のコンセプトや4つのテーマの例示はあったものの,具体的には現場の創意工夫に委ねられた。各学校がカリキュラム開発の権限をもった,という意味においては歴史的に見ても画期的だったはずだが,次のような事態を生みだした。すなわち総合的な学習の時間は学校,教師によって,きわめて大きな濃淡の差が生まれ,すぐれた実践が生みだされる一方で,ルーティーン化されたイベントを生みだしたり,あるいは教科の補充に振りかえられたりした。多くの学校で「国際理解」の名目で英会話が行われる実態が生まれ,皮肉にもそれは今回の学習指導要領改訂で追認されることとなった。カリキュラムの自主編成という理念は,情報,人員,研修,財源,時間,こうした条件がなければ,具体的な成果をもたらさない。前述した,教員の意識の落差はこうした状況から生まれているのではないか。総合的な学習の時間に否定的な教員が多いという事実は,学校に委ねられたカリキュラム編成権が実質的には機能していないことを示しているのではないだろうか。

　教員の意識から見た「総合的な学習の時間」の否定的なニュアンスに比べると,児童・生徒から見た「総合的な学習の時間」は異なる様相を示している。先の全国学力・学習調査の質問紙調査によれば[2],小学校児童は総合的な学習の時間について,比較的好意的に受けとめている(小学校6年生……「好き」「どちらかと言えば好き」,両者を併せると7割5分を超える。国語ではおよそ6割)。中学校生徒は両者を合わせて5割程度である(国語は6割)。また,総合的な学習の時間において新しいことを発見でき(小学校児童肯定的な回答7割,中学校生徒5割),総合的な学習の時間で学習したことは,ふだんの生活や社会に出たときに役に立つと思う(小学校児童肯定的な回答8割,中学校生徒6割)。児童・生徒の側からみると,とくに小学校における「総合的な学習の時間」は教師の意識とは別に,かなり受け入れられているとみてよいのではないだろうか。

　一方,中学校の総合的な学習の時間に問題があることは,教師,生徒両者の調査から明らかである。総合的な学習の時間をいったいとしてひとくくりに評

価するのではなく，小・中と区分してていねいな分析・検討が行われなければならない。

(2) 総合的な学習と教科学習

　総合的な学習の時間がゆとり教育の象徴とみなされ，低学力批判のターゲットになるもう１つの理由は，総合的な学習で培う力が，教科学習の力につながらないのではないか，という疑念があるからである。この点については，児童・生徒の意識調査からも他の教科学習につながるとはあまり感じていないことが窺われる（肯定的回答……小学校で５割，中学校で２割）。内閣府が行った2005（平成17）年の調査では，保護者の45％が「総合学習よりも基礎を優先すべきだ」と回答している。

　総合的な学習の時間において培う力と教科の基礎・基本があたかも二項対立的に議論される傾向がある。総合的な学習の時間（生活科も含む）が体験活動，あるいは体験活動をベースにした思考力，判断力，表現力，そして教科が知識・技能を中心とする基礎・基本であるとする考え方は，文部科学省の考え方とも共鳴しているようにも思われる。

　しかし，必ずしも総合的な学習において身につく力が教科の力とまったく別物ではない。現に総合的な学習を一生懸命取り組んだある小学校では，全国学力・学習状況調査の知識活用Ｂ問題において全国平均を10ポイントあまり上回る成績を修めている。それは総合的な学習の時間において，ビオトープづくりに取り組み，地域の方々にビラをつくって配布したりと活動を多様に展開したからではないか，と実践にたずさわった教員が述べていた。ただし，体験主義（体験させること自体が目的になってしまう），あるいはイベント的なルーティーンになってしまっては，このような結果をのぞむべくもない。

3　体験活動のもつ意義と課題

　上に論じてきた問題は，学校，教師がおかれている状況，条件の問題であると同時に，体験活動に必ず付随する問題であるという側面をもっている。

　体験活動については，現代教育のなかできわめて大きな意義をもっていると

考えられる。それは以下のような現代社会，現代教育の課題があるからである。
① 高度情報化社会，消費社会のなかで，子どもたちは自然，社会（生産，人間関係）から切り離され，認識そのものが危機に陥っている現代において，体験活動は自然，社会への紐帯を再発見し，確認する手だてとなる。
② 従来の学校教育が，あまりにも知識偏重に陥り，いわゆる「ことば主義」の教育に特化されてしまったことへの反省がある。たとえば「遠洋漁業」「沿岸漁業」などの言葉を覚える漁業の授業がなされる一方，児童は「魚の切り身」が泳いでいると思っているといった類のことはさまざまに報告されている。
③ 従来家庭教育や地域教育が担ってきた体験の機会が減少し，学校教育がその補完をしなければならない状況が生まれてきている。

こうした状況のなかで，体験学習は時代の要請として重要視されるようになってきているのである。

しかし，一方で体験学習は教育実践として困難性ももち合わせている。体験学習はイベント化しやすく，やらせっぱなしになりがちなのである。それはいったいなぜだろうか。

(1) 目標・評価と体験学習

知識・技能を伝達する教育と比べると，体験活動における目標設定・評価方法には大きな困難がともなう。

知識・技能教育であれば，○○を理解する，△△ができるようになる，と目標を立てるのが比較的容易である。客観的に評価が可能で，条件を統制することができ，しかも繰り返すことも可能である。それに対して体験学習は，目標を立てにくく，立てることができたとしても，偶然的な条件に左右されやすく，しかも繰り返すことができない。たとえば学校の外に「散歩」しにいくことを考えてみよう。「散歩」は当日の天候や土地の状況によって左右され，周囲の状況が一変したり，不可能な場合もありうる。また，体験の過程や結果を評価することも難しい。テストによる測定が通用しないからである。ペーパーによるテストは，体験を十分言語化できることを前提として成り立っている。ポー

トフォリオ評価やパフォーマンス評価が方法として提起されているが，まだ十分に評価方法として成立していない。

また体験活動が目標ー評価のサイクルに十分に馴染むかどうか，という点に関しても難しい面がある。目標による評価だけでは，体験活動の意味を十分くみとることができない場合が往々にしてある。たとえば，「春の音さがし」で偶然にかまきりの卵を見つけて飼いたい，と言いだした男の子がその後の学習の主役となるといったことが起こる。目標を立てる段階では想定していなかったことが起きるのが体験活動である。教師の意図を超えた子どもの学びをどう評価するのか，とくに形成的な評価は瞬間瞬間に教師の授業実践を規定していくので当初の目標からずれていく。この実態に照らし合わせると，目標ー評価の軸で実践を制御することが難しいことがわかる。

(2) **体験活動の学習としての性格**

学習の性格という観点から体験活動をみてみよう。宇佐美寛[3]は児童・生徒が獲得するであろう情報を「予定情報」，予測を超えて結果的に獲得してしまう情報を「過剰情報」と呼んでいる。体験活動においては，きわめて「過剰情報」が多いのである。一方「過剰情報」が少ないのが知識・技能学習である。体験活動において獲得される「過剰情報」にどのような意味があるのか。藤岡信勝[4]は「予定情報自体が過剰情報に広く支えられて獲得される，というような関係がある」と述べている。

児童・生徒が意味がわかるということ，それは彼（女）たちの経験内容とつながりが生まれるということである。児童・生徒の経験内容を完全に予測できない状況のもとでは「過剰情報」は排除されるべきものではなく，むしろ活発に思考活動が行われた証左だということになる。こう考えるならば，体験活動という学習の性格と意味が明らかになる。つまり，予定情報の学習の意味の獲得や経験とのつながりに体験学習は大きくかかわっているのである。

(3) **体験活動と児童・生徒の発達**

体験の内容や質を検討する際には，子どもたちの発達段階を考慮しなければならない。生活科（小学校1，2年生）においては，その設置趣旨で「低学年児

童においては，具体的な活動を通して思考するという発達上の特質がみられるので，直接体験を重視した学習活動を展開し，意欲的に学習や生活をさせるようにする」と述べられている(教育課程審議会答申，1987年)。低学年においては具体的な活動が思考と未分化であるが，中高学年になるに従って，活動そのものの質が問われていくことになる。新学習指導要領の生活科においては「気づき」が重視され，総合的な学習の時間においては「探究的な活動」と明確に活動内容を規定した。体験活動がそれ自体として意味をもつ低学年期の児童と抽象的な思考が可能になる高学年以降の児童・生徒にとっての体験活動は当然意味合いが異なってくる。児童・生徒の発達段階に即した体験活動の質の深まり，発展が課題なのである。

【森脇　健夫】

2　ジェンダーと教育課程

1　ジェンダーへの着目

ジェンダーとは，「肉体的差異に意味を付与する知」[5]といわれる性別概念のことであり，「社会的・文化的に形成された性別」と定義される。身体的な性別を前提に，その性にふさわしいと考えられてきた社会通念や文化を背景として，行動様式や性格などに影響を及ぼすジェンダーは，いわば，社会や文化のなかで学習され，内面化されていく「つくられる性」のことをさしている。

柴田[6]は，教育課程の3層構造として，①国家的または政治的・経済的・社会的欲求によって定められる教育課程(国レベル)，②学校で編成される教育課程(学校レベル)，③個々の教師が計画し，実施する教育課程(教室レベル)を区別して考える必要性を指摘している。ジェンダーは，これらの3つの層のすべてに関与してきた。そこで本節では，ジェンダーが教育課程にもたらした影響について，とくに国家レベルの教育課程を概観し，今後の課題を提起する。

2　国家レベルの教育課程とジェンダー

(1)　1989(平成元)年版学習指導要領

国家による教育課程の枠組みにジェンダーが影響を及ぼしたこととして，エ

ポック・メイキングな出来事だったのが，1989（平成元）年の学習指導要領改訂であった。このとき，中学校技術・家庭科および高等学校の家庭科と中学校・高等学校保健体育科に関する男女別の履修規定が改められ，性別を根拠とした男女で異なる教育課程が，制度上，撤廃されたのである。その背景には，1979年に国連が採択した「女性に対するあらゆる形態の差別の撤廃に関する条約（女子差別撤廃条約）」を端緒とする，世界規模の男女平等をめざす動きがあった。

女子差別撤廃条約では，第10条で，教育における差別撤廃が掲げられ，「男女の平等を基礎として次のことを確保することを目的」とした措置をとることとしている。具体的には，「農村及び都市のあらゆる種類の教育施設における職業指導，修学の機会及び資格証書の取得のための同一の条件」「同一の教育課程，同一の試験，同一の水準の資格を有する教育職員並びに同一の質の学校施設及び設備を享受する機会」「すべての段階及びあらゆる形態の教育における男女の役割についての定型化された概念の撤廃」「スポーツ及び体育に積極的に参加する同一の機会」等について，改善措置をとっていくように促している。

日本が同条約を批准するにあたって見直しが求められたのが，それまで女子のみ必修であった高等学校家庭科と男女別の履修内容となっていた中学校技術・家庭科および中学校・高等学校保健体育科の教育課程であった。

(2) **家庭科教育とジェンダー**

家庭科教育の歴史を振り返ると，ジェンダーと切り離すことができない経緯をたどってきたことがわかる。高度経済成長期にさしかかっていた1958（昭和33）年に，科学技術の振興を掲げて新しい教科として技術・家庭科が誕生し，「生徒の現在および将来の生活が男女によって異なる点のあることを考慮」すると明記して「男子向き」「女子向き」というように性別によって内容を区別した学習指導要領が制定された。「男子向き」としては，国家の経済発展の担い手となる労働者としての男性の育成をめざした技術的内容が教えられ，「女子向き」としては，家庭役割を担う女性を想定した衣・食・住生活と保育等の家庭生活関連の内容が教えられた。

また，高等学校の家庭科は原則として「女子のみ必修」の方向性が打ち出され，1970（昭和45）年からはすべての女子が必修で家庭科を履修することになった。このようにして，固定化した性別役割分業のジェンダー・イデオロギーが教育課程のなかに導入されたのである[7]。

　男女で履修内容が異なる中学校技術・家庭科，女子のみ必修の高等学校家庭科の状況に対し，民間団体「家庭科の男女共修をすすめる会」が組織され，政治家や家庭科教師をはじめとする市民が教育における差別撤廃の運動を展開した[8]。こうした運動を背景として，日本が女子差別撤廃条約を1985年に批准したことを契機に，家庭科教育における男女別の扱いを解消する方向で，1989（平成元）年の学習指導要領改訂が進められた。

(3) 保健体育科の場合

　家庭科教育が歴史的にジェンダー差別を内包していた過去をもっているように，保健体育科もまた，性別によって異なる教育課程と女らしさ・男らしさへの期待を背景としたスポーツにおけるジェンダー問題をかかえ，推移してきた。かつて「女子はダンス，男子は格技（武道）」というように区分された履修内容があり，高等学校での履修単位数が男女で異なっていたのだが，1989（平成元）年の学習指導要領改訂の際に，体育における男女同一カリキュラムが導入された。

　このときの体育のカリキュラム改訂に関して，井谷[9]は，「家庭科の男女共修に先導された結果であり，体育内部からの問題意識に基づくものではなかった」と論じ，体育における男女差に対する疑問や抵抗が少なかったと指摘する。その背景には，体育における「スポーツの主流化」があると井谷は述べる。

　多賀[10]は，「スポーツは，社会における男性支配を正当化するための主要な装置である」と指摘する。そのうえで，男性にとって「スポーツに秀でていなければならない」という社会的圧力がもたらされると論じている。

　つまり，スポーツは「男らしさ」を競うための文化[11]であり，「スポーツが得意」であることが，「男らしさ」の象徴だというジェンダー・メッセージは，児童・生徒の意識の中に植え込まれている。たとえばサッカーをやっていると

いう小学6年生の男子児童は,「男らしさの条件」として「キック力」が重要で,その理由は「力強く感じるから」だという(12)。

1989（平成元）年の学習指導要領改訂によって,男女で同一の内容を学ぶことになったけれども,〈どのように学んでいるか〉が重要である。内容選択に男女の区別を設けないとしても,中等教育段階においては男女別のクラス編制で学んでいるかもしれない。スポーツにおけるハイパフォーマンスを追求した結果として男女別授業が行われているとしたら,学校体育の本来の目的に立ち返って考えてみる必要があろう。健康な体をつくりスポーツに親しむ素地を養うのがねらいなら,男女を区別する合理的な理由は見あたらない。

3　実質的なジェンダー平等に向けて

(1)　進学率に潜むジェンダー格差

ところで,教育における男女平等の指標のひとつとして,高等教育への男女の進学率が取り上げられているが,量的な男女比率の比較だけではなく,質的な面にも着目するようにしたい。

2017（平成29）年3月の高等学校卒業者の高等教育機関への進学率は,女子57.3％,男子52.1％であった（平成29年度学校基本調査）。この数値から,高等教育進学率として全般的な女性比率が向上したことで「男女平等化が進んだ」と判断してしまわずに,どのような校種・学部にどのくらい進学しているのかという点に注意を払う必要がある。

女性の場合,実際には短大進学率が高い（女子8.9％,男子0.9％）ために,高等教育全体の進学率が押し上げられている。2017年の4年制大学への進学率をみると,男子51.1％,女子48.7％であり,その差は縮まってきたとはいえ,まだ両者間には開きがある。また,進学する学部では家政系,文学系には女子が多く,工学・理学系への進学は男子が多数を占めている傾向が明らかである。

このような男女格差が何に由来しているのかを検討し,ジェンダーによる偏った教育や学習への動機づけが隠れたカリキュラムとして機能してはいないか注意深く検討しようとする視点のことを,「ジェンダー・センシティブ（ジェン

ダーに敏感）」[13]な視点という。ジェンダーに敏感な視点を意識することによって，当然視してしまっている男女で異なる慣習，文化について，そこに性差別が潜んでいないかどうか，教師自身が自分のなかのジェンダー・バイアス（ジェンダーに基づく固定観念，「男らしさ」「女らしさ」に対する偏見）を問い直すことから始めたい。

(2) **ジェンダーの視点で教育課程を見直す**

かつて男女で異なる教育課程のもとで家庭科の学習が行われていた時代に，当時の多くの家庭科教師たちにとって，自分たちが学習指導要領に則った教育を行っていることが，「男女差別」を助長しているのだとは考えもしなかったのではないだろうか。新しい言葉の概念を知ることによって，それまで気づかなかった新たな世界が拓かれる。〈ジェンダー〉とは，学校文化のなかに潜在化している差別の構造を読み解くキーワードとなる。

「ジェンダーにとらわれない」ということは，「男女の相違を無化する」ということと同義ではない。身体的な男女の相違があることは「事実」としながらも，物事の判断基準として性別を第1の根拠とせず，一人ひとりの個性に目を向けるようにしたい。

目についた「違い」を男女それぞれの「特性」として敷衍して論じようとするとき，無意識のうちにジェンダー差別が言説のなかに入り込むおそれがある。かつての家庭科教育のように，「女子の特性」の名の下にジェンダー差別としての「女子向き」教育課程が存在していた事実を忘れずに，今後の教育課程を考えていかなければならないだろう。

(3) **男女共同参画社会と教育課程**

家庭科と保健体育科の男女別履修が解消された1989（平成元）年の改訂を経て，現在に至るまでに学習指導要領は3回，改訂された。最新の小学校および中学校の学習指導要領改訂は2017（平成29）年3月であり，高等学校については2018（平成30）年1月現在，改訂作業中である。

1989年に高等学校家庭科が男女ともに必修で学ぶように変化し，小学校から高等学校まですべての児童・生徒が学ぶ教科として位置づけられた家庭科教

育がスタートして以来，もうすぐ 30 年になろうとしている。現在，教職課程で学んでいる大学生の世代は，家庭科が教育課程のなかに位置づいていることに何の疑問も感じることなく，授業を受けてきたに違いない。

　すべての教科を男女がともに履修することが当然視される現在だからこそ，公教育のなかでジェンダー差別が行われていた家庭科教育の歴史は，公正な教育とは何かを考えるうえで，示唆を与えてくれるだろう。

　個性を生かし，自分らしく生きるための手立てとして，教育はすべての人に開かれたものであるはずだ。今日，制度上の男女平等は実現されたように見えるけれども，実質的な面においては，ジェンダー差別がなくなったといえるだろうか。現在においても，ジェンダーに敏感な視点で，教育の現場を注意深く見る意義は失われていない。

　2015 (平成 27) 年に，第 4 次男女共同参画基本計画が策定された。そのなかには，「第 10 分野　教育・メディア等を通じた意識改革，理解の促進」という項目が置かれ，学校教育については「社会科，家庭科，道徳，特別活動等学校教育全体」を通して「人権の尊重，男女の平等や男女相互の理解と協力の重要性，家族や家庭生活の大切さ等についての指導」を行うこととされている。さらに，「男女平等を推進する教育の内容が充実するよう，教職員を対象とした研修等の取組を推進する」という文言が記されている。今後も一層，学校全体の取組のなかで，ジェンダーに敏感な視点で教育活動を見直し，男女共同参画社会の実現に向けた学習を展開する必要がある。

　今日の社会ではワーク・ライフ・バランスが標榜され，仕事と家庭の両立をめざした生き方が模索されている。教育の担い手である教師は，これからの時代にふさわしい男女共同参画の理念を十分に理解し，それを日々の教育活動のなかに具現化していく必要がある。そのためには，一人の生活者として，教師自身が男女共同参画社会を生きる，自立した存在でありたい。

4　2017 年改訂学習指導要領とジェンダーの課題

　2017 年 3 月に告示された学習指導要領における家庭科および技術・家庭

の「改訂の趣旨」によると，今日の生活課題として，「家族の一員として協力することへの関心が低いこと」「家族や地域の人々と関わること，家庭での実践や社会に参画することが十分ではないことなど」が指摘され，さらに「家族・家庭生活の多様化や消費生活の変化」「グローバル化や少子高齢社会の進展」「持続可能な社会の構築」といった現代社会の課題に向き合う学習が求められていた。これらの指摘にある内容は，性別に関わりなく誰もが向き合う必要があり，かつて女子のみ必修であった頃の家庭科教育とは様変わりした，ジェンダーを超えた学習が展開されようとしている。

ところで，家庭科を男女の区別なく学習した世代が教師をめざそうとした時に，「家庭科の教師」を将来の進路に選択した者，そして実際に教師になった者の男女比を見ると，依然として女性が大半を占めている。これは，高等教育機関における家庭科教員養成を行っている学部の多くが女子大の家政系学部であるところに起因する[14]。今後は，こうした教員養成におけるジェンダー・バイアスをどのように払拭していくかが課題である。

男女共同参画社会が志向されるなかで，さらなる育児支援やDV（ドメスティック・バイオレンス）問題への対策など，家庭生活に根ざしたジェンダーの課題が山積している今日において，今後も教育を通して，子どもたちに男女共同参画の理念を伝え，実生活の現状を読み解くリテラシー獲得のための学びは不可欠である。そのような学びの時間を，カリキュラム・マネジメントが標榜される新しい教育課程にどのように位置づけられるだろうか。ジェンダーに敏感な視点の重要性を改めて確認し，教育実践と向き合っていきたい。

【堀内　かおる】

③ 小学校英語教育と教育課程

1　主　題

本節では，2020年度より完全実施される『小学校学習指導要領』における小学校英語について，当初，国際理解教育の一環として「英語活動」が開始されるに至った経緯，およびその後「総合的な学習の時間」に引き継がれた「英

語活動」と2008(平成20)年版『小学校学習指導要領』に導入された「外国語活動」を回顧し，2017(平成29)年版『学習指導要領』において大きく変化した小学校英語の教育課程上の位置づけを考察することとする。

2 黎明期の小学校英語──国際理解教育の一環として──

　小学校英語の歴史は，明治期にまでさかのぼることができる。私立の小学校では，明治期以来，英語の授業を行っている学校もある[15]ため，1980年代以降活発になった小学校英語の導入に関わる議論は，主に公立小学校で行われる英語の授業(英語教育)を意味していた。すなわち，これまで繰り広げられてきた小学校英語に関する議論は，2015(平成27)年度の時点で全国に2万校余りある公立小学校において，一律に英語の授業を実施するという点にある。なぜならば，私立の小学校の場合，『学習指導要領』に基づく教育課程に従いつつも，学校独自にカリキュラムやテキストを作成し英語活動や英語教育を行いうる(行っている)のに対し，公教育である公立小学校では，『学習指導要領』の範囲を逸脱することなく，かつ学校間格差をできる限り生じさせずに，平等かつ公平に行われることが期待されているからである。

　公立小学校における英語の授業のさきがけは，1972(昭和47)年度より千葉県の15校の小学校で始められたクラブ活動としての英語教室，および1987(昭和62)年度より開始された横浜市立の小学校における国際理解教室に見出される。その後，公立小学校の一部の研究開発指定校で英語の授業が開始された背景には，日本社会の「国際化」が関与しており，1980年代に入る頃から，アメリカ合衆国のグローバル教育が紹介され始め[16]，ほぼ同時期には海外からの帰国児童生徒数が急増した[17]。1986(昭和61)年には，外務省・文部省(当時)・自治省(当時)の共同事業としてJET (Japan Exchange and Teaching) Programが開始され，AET (Assistant English Teacher) が公立の中学校・高等学校に導入されるようになり，1987(昭和62)年には当時の臨時教育審議会(臨教審)により，「国際化への対応のための改革」として「外国語教育の見直し」が提言された。このようななかで，1989(平成元)年版『中学校学習指導要領(外国語)』では，

「国際理解」という言葉と，以降の英語教育のキーワードとなる「コミュニケーション」というが文言が初めて用いられた。

　1991（平成3）年に，臨時行政改革推進審議会の「豊かな暮らし部会」が小学校英語導入に関わる検討開始を提言したことを受け，翌年小学校英語導入の是非の検討開始を文部省が発表し，大阪市立真田山小学校・味原小学校が，同一学区にある高津中学校との連携により，小学校英語導入の可能性を探る研究開発校として文部省から指定を受けた。また1994（平成6）年度には，「主として教科活動として取り組む研究校（5校）・主としてクラブ活動として取り組む研究校（2校）・教科，特別活動等を組み合わせて取り組む研究校（5校）」[18]が文部省により指定され，以降毎年，文部省による研究開発指定校が全国の都道府県に相ついで誕生し，その数は2000（平成12）年度までに70校近くになった。その後は小泉内閣により導入された「構造改革特別区域（特区）」の指定を受けることにより，『学習指導要領』の枠にとらわれずに教育を行う動きと軌を一にして，独自に小学校英語に取り組む自治体が登場した。2003（平成15）年の群馬県太田市を皮切りに，埼玉県狭山市・戸田市・新座市，千葉県成田市，東京都荒川区等の20近い自治体が，2004（平成16）年までに「特区」の認可を受け小学校英語を行っている。このように小学校英語の実施が加速された背景には，1998（平成10）年版『小学校学習指導要領』に「総合的な学習の時間」が新設され，そのなかの例示の1つとして「国際理解」が採り上げられたことが大きく関与している。

3　「外国語（英語）活動」の導入へ向けて

　小学校の「総合的な学習の時間」において，国際理解教育の一環として「外国語（英語）活動」を採り入れることが可能になったことを受け，2001（平成13）年には，文部科学省が『小学校英語活動実践の手引』を作成し，「英語活動」の目的を「言語習得を主な目的とするのではなく，興味・関心や意欲の育成」と定め，「子どもの日常生活に身近な英語を扱う」ことおよび「音声を中心とした活動を行う」ことを求めた[19]。また，文部科学省により2006（平成

18) 年度に実施された「小学校英語活動実施状況調査」の結果では，95.8％の公立小学校で「英語活動」が行われ，小学校3年生〜6年生では平均して年間12時間程度が実施され，さらに小学校1・2年生においても80％程度の学校で「英語活動」が実施されていることも明らかとなった[20]。

　上記の流れを受け，2006 (平成18) 年3月には中央教育審議会により，小学校第5・6学年に「外国語 (英語) 活動」を導入する方向性が打ち出され，2007 (平成19) 年8月と11月の中央教育審議会による審議を経て，第5・6学年に「外国語活動 (仮称)」を週1時間 (年間35時間) 導入する方向性が明確になった。この背景には，上述のように，全国の公立の小学校のほとんどが英語活動を実施しているなかで，「英語活動」の質の差が学校間に広がっていることに対する危惧の念があった。そして，2008 (平成20) 版『小学校学習指導要領』において，第5・6学年に「外国語活動」が導入され，2011 (平成23) 年度から完全実施された。

4　2008年版『小学校学習指導要領』における「外国語活動」

　2008年版『小学校学習指導要領』では，「外国語活動」という名称が用いられているが，「英語を取り扱うことを原則とする」と記されており，実質的には「英語活動」が企図されている。これは，『中学校学習指導要領 (外国語)』において，「外国語」という言葉を用いながらも，実際には「英語を履修することを基本とする」という文言が加えられていることに起因しており，この点は2017年版の『小学校学習指導要領』にも継承されている。

　2008年版『小学校学習指導要領』における「外国語活動」の目標は，「積極的にコミュニケーションを図ろうとする態度の育成」であり，中学校の英語教育のように英語の四技能 (聞く・話す・読む・書く) の習得を志向することが目的とはされていない。換言すれば，中学校の英語教育の前倒しを行うことは，小学校英語活動の趣旨ではないということである。

5　2017年版『小学校学習指導要領』における教科「外国語（英語）」と「外国語活動」

2017年版の『小学校学習指導要領』における最大の変更点の1つは，2008年版『小学校学習指導要領』において第5・6学年で行われている「外国語活動」が，教科「外国語（英語）」として位置づけられたこと，並びにそれにともない第3・4学年に「外国語活動」が新設されたことである。

2008年版『小学校学習指導要領』における外国語は「外国語活動」であり，「道徳」・「総合的な学習の時間」・「特別活動」と同様に教科ではない。今回「外国語」が教科化されたことによる顕著な変更として，『学習指導要領』に基づく文部科学省検定済み教科用図書（教科書）が作成される点，数値による評価が導入される点，および教員養成課程における小学校の英語科教育に関わる科目が新設される点が挙げられる。

2017年版『小学校学習指導要領』では，授業時数の変化も顕著である。2008年版『小学校学習指導要領』の第5・6学年「外国語活動」には，各学年年間35単位時間が割り当てられていたが，2017年版『小学校学習指導要領』では表8.1に示したように，年間70単位時間が充てられることになっており，教科化にともない授業時数が倍増する。また，第3・4学年に新設される「外

表8.1　2020年度以降の外国語の授業時数と総授業時数

	第1学年	第2学年	第3学年	第4学年	第5学年	第6学年
外国語の授業時数	—	—	35	35	70	70
総授業時数	850	910	980	1,015	1,015	1,015

（この表の授業時数の1単位時間は，45分とする。）

表8.2　2018年度・2019年度「外国語活動」の授業時数の特例

平成30，31年度における外国語活動の授業時数及び総授業時数は，下表に定める時数を標準とし，外国語活動の授業時数の授業の実施のために特に必要がある場合には，年間総授業時数及び総合的な学習の時間の授業時数から15単位時間を超えない範囲内の授業時数を減じることができることとする。

	第1学年	第2学年	第3学年	第4学年	第5学年	第6学年
外国語活動の授業時数			15	15	50	50
総授業時数	850	910	960	995	995	995

（この表の授業時数の1単位時間は，45分とする。）

国語活動」は，年間 35 単位時間が設定されており，2008 年版『小学校学習指導要領』において第 5・6 学年が行っている「外国語活動」と同数の授業時数が割り当てられている。したがって，2017 年版『小学校学習指導要領』における「外国語科」と「外国語活動」の新設により，小学校の総授業時数が増加することになる。なお，2017 年版『小学校学習指導要領』が完全実施される 2020 年度より 2 年前の 2018 年（平成 30）年度から，第 3・4 学年の「外国語活動」が開始されるとともに，第 5・6 学年の「外国語活動」も 2017 年版『小学校学習指導要領』に記載された一部の内容を含めて実施することになっており，授業時数の特例が表 8.2 のように定められている。

(1) 教科「外国語（英語）」

2017 年版『小学校学習指導要領』の「外国語科」には，2008 年版『中学校学習指導要領』の「外国語科」に記載されている内容が盛り込まれており，中学校の教育課程が前倒しになった。2017 年版『小学校学習指導要領』では，「外国語科」の目標を以下のように記している。

> 第 1　目標
> 外国語によるコミュニケーションにおける見方・考え方を働かせ，外国語による聞くこと，読むこと，話すこと，書くことの言語活動を通して，コミュニケーションを図る基礎となる資質・能力を育成することを目指す。

「聞くこと，読むこと，話すこと，書くこと」という文言が記載されていることから理解できるように，2008 年版『中学校学習指導要領』の「外国語科」で扱われている四技能が小学校第 5・6 学年に採り入れられることになり，2008 年版『小学校学習指導要領』の「外国語活動」では行われていない「読む・書く」という技能が新たに導入されている。すなわち，教科化にともない「英語に親しむ」という「外国語活動」の目的は，大きく転換されたことになるのである。

また，2017 年版『小学校学習指導要領』では，「英語学習の特質を踏まえ，以下に示す，聞くこと，読むこと，話すこと［やり取り］，話すこと［発表］，

書くことの五つの領域別に設定する目標の実現を目指した指導」が求められている。しかも，上記四技能と五領域は2017年版『中学校学習指導要領』の「外国語科」にも記載されており，この点に鑑みる時，小学校英語と中学校英語の接続と一貫性が教育課程上強く求められているといえる[21]。さらに，文型等のいわゆる文法的要素が2017年版『小学校学習指導要領』には明示されていることから，2017年版『小学校学習指導要領』において英語が教科化されたことにより，英語の技能（スキル）を育てることに主眼を置くことが求められるのである。

(2) 「外国語活動」

第3・4学年に新設された「外国語活動」は，2008年版『小学校学習指導要領』において第5・6学年で行われていた内容が中心に扱われていることから，教育課程が前倒しされたといえる。2017年版『小学校学習指導要領』における「外国語活動」の目標は，以下のように記されている。

第1　目標
　外国語によるコミュニケーションにおける見方・考え方を働かせ，外国語による聞くこと，話すことの言語活動を通して，コミュニケーションを図る素地となる資質・能力を育成することを目指す。

第5・6学年に新設される「外国語科」の目標と類似しており，主な相違点は「外国語活動」では「聞くこと・話すこと」の二技能のみが扱われるという点である。ただし，二技能ではあるが「英語学習の特質を踏まえ，以下に示す，聞くこと，話すこと［やり取り］，話すこと［発表］の三つの領域別に設定する目標の実現を目指した指導」を行うことが求められており，三領域が設定されていることから，上記第5・6学年の「外国語科」との教育課程上の接続が意識されていることは明らかである。

したがって，今回の学習指導要領改訂では，単に外国語教育を小学校のより早い段階から開始することが企図されているのみならず，小学校と中学校に共通して「話すこと」に関するより細かい領域分けが行われていることから，自

らの考えや意見を発信できる力の育成が求められているといえる。

6　おわりに

　本節では、「国際理解教育」に基づく視点から開始された小学校英語が、「総合的な学習の時間」における英語活動を経て、必履修領域である「英語活動」に至った経緯の概略を述べ、今般第5・6学年において教科化された小学校英語の教育課程上の位置づけを考察してきた。

　小学校第5・6学年で始まる「外国語科」は、教員養成も未だ十分には行われておらず、中学校英語との接続も未知の状況下にある。文部科学省は英語の授業をサポートする新教材として、第5・6学年用の『We Can! 1・2』や第3・4学年用の『Let's Try!』、「小学校外国語活動・外国語研修ガイドブック」を作成しているが、教育課程上の大変革を行うための準備としては極めて物足りない状況にある。

　最後にこの先の見通しを述べれば、2017年版『学習指導要領』の成果を踏まえ、次の学習指導要領改訂では、小学校第3・4学年の「外国語活動」を教科化し、第1・2学年に「外国語活動」を新設し、完全に小学校から英語の授業を始める教育課程作成を企図していることが想定される。　【木塚　雅貴】

4　インクルーシヴ教育と教育課程

1　インクルーシヴ教育

　インクルーシヴ教育とは、「すべての子どもが、ユニークな特性、関心、能力および学習のニーズをもっている」（ユネスコ1994年サマランカ宣言）等の観点のうえに、「特別なサービスを必要とする子どもに対し、適切な援助・介助を与え、また、個別に計画されたカリキュラムを作成することによって、地域の学校の、通常の教育環境に措置することである」とされるものである。

　だが、ここで留意しておかなくてはならないことがある。「特別なサービス」というときの「特別な」とは、子どもを特殊視することではない。その子に固有の発達課題・教育課題のうえに私たちが立つということである。また、「サ

ービス」という表現も，子どもを客体化してサービスを提供するということではない。個々の子どもの要求（特定の要求）に応えるということである。翻訳用語・行政用語と実践的専門用語の間のズレがここにはある。このことに留意しておく必要がある。

同様に，「措置する」ということも，制度的に子どもの発達要求に応えるということで，「客体」として「取り扱う」ということではない。

これらのことも視野に入れたうえで，「可能な限り最大限に，同年齢の子どもたちと同じ地域の学校の同じ学年の通常の学級で適切な学級内援助を受けること」がインクルージョンである（全米教育委員会報告の規定による）。

2　インクルーシヴ教育の基本

ところで，インクルーシヴ教育が課題となっているのは，次のような事情による。ひとつは，今日の学校教育場面に登場する子どもたちの発達状況の多様性である。それは，生活文化の差異や成育歴上の諸課題との関係，またさまざまな気質的条件によるものを反映している。そして従来の考え方や対応システム（障害別の個別分化や形式的統合）では，多様かつ複合的な発達課題に応えるには不十分であるとの理解・認識が広がってきたことによる。多様性の承認としてのダイバーシティ（diversity）から相互の主体的連関の承認・保障としてのインクルージョン（inclusion）へのバージョンアップといってもよい。

並行して，わが国でも障害児者への指導・支援のありようの問い直しが進んできた。すなわち，特別支援学校における重複障害をもった子の増加への対応体制の再編，小・中学校の通常学級に在籍するLD（学習障害）・AD/HD（注意欠如／多動性障害）・自閉症スペクトラム障害（ASD）等の子に対する焦点化と普遍化，あるいは特別支援学級といわゆる交流学級との関係の問い直しである。

これまで，発達障害をもった子どもたちへの教育は「インテグレーション」という用語にこめられた構想内容によって「ノーマライゼーション」⇒「メインストリーミング」として語られてきた。そしていま，「インクルージョン」として語られている。それは，子どもの権利の視点に基づく理念検討や実践的

試み，またあるべき社会的状況の創出という視点から，より精緻な検討が行われ，概念的な検討が重ねられてきた結果である。

この変化の過程における論点は，たとえば「ノーマライゼーション」においては，「何がノーマルか」であり，また「メインストリーミング」においては「何がメインか」であった。障害をもった者ともたない者との二元化によって後者に力点をおいた概念化に対して，異論が立てられたのである。すなわち，「ノーマル」「メイン」を軸に概念構成することの問題性が指摘され，議論が展開されてきたのである。その結果，子どもたちの発達状況の多様性を認めつつも，それぞれの発達水準・発達課題を平等な関係として受けとめられるような教育体制を組む必要があるとの視点から，「インクルーシヴ教育」（包括教育）という用語が使われるようになったのである。

この意味で，インテグレーション（統合教育）とインクルーシヴ教育（包括教育）との決定的な違いは，次の点にある。すなわち，前者は障害の有無を切り分けたうえで両者を統合しようとしていること，しかもマジョリティーを中心に統合・合流を構想してしまっていること。それに対して後者は，子ども一人ひとりがユニークな存在であり，障害の有無にかかわらず一人ひとりの違いがあるということに立脚している。それゆえに，包括的かつ相互の関連づけのなかで，一人ひとりの特別な（障害をもたない子も含めての固有の）ニーズに応じた教育を行うというところにその眼目がある。

3 「特殊教育」から「特別支援教育」へ

ところで，わが国の障害児教育は，長い間「特殊教育」と呼ばれてきた。そして，その教育は，障害の種類や程度に対応する学校で行われてきた。すなわち盲学校・聾学校・養護学校，あるいは通常学校における特殊学級である。

だが，この枠組みのなかにはいくつかの困難があった。

その第1は，重複障害をもった子どもたちが教育場面に次第に多く登場してきたことである。1979（昭和54）年養護学校義務制化によって障害をもった子どもたちの教育が保障されるようになると，重複なおかつ重度の障害をもった

子どもたちのための教育体制の整備も求められるようになってきた。だが，個別障害領域に対応する学校のなかでは，重度重複障害をもった子どもたちの増加に対する教育の組み立てが困難となり，個別学校内での努力では及ばなくなってきた。

　第2は，単一障害をもった子どもに対する教育の充実のためにも，個別障害対応枠を超えた幅広い教育内容・方法の構成が求められるようになったことである。人権や人格についての理解や認識が深まるなかで，障害をもった子どもを「特殊な子ども」とするのではなく，「特別なニーズをもった子ども」として受けとめ，そのニーズに対応する教育体制を組むことが当然と考えられるようになってきたのである。

　そして第3は，これまでの障害枠を超えた発達障害が明らかになり，それらに対応する教育体制の構築が必要となったことである。すなわち，自閉症スペクトラム障害（ASD），学習障害（LD），注意欠如／多動性障害（AD／HD），知的障害などの発達障害をもった子どもたちの教育も含め，多様・多層な視点やアプローチに支えられた共同性が支えとなって展開される必要があることが理解されるようになった。従来の個別障害対応の学校枠のなかでは対応困難といわざるをえなくなったのである。

　こうした経緯や状況を受けて，「特別支援教育」といういい方があらわれた。そして，2006（平成18）年に学校教育法の一部改正が行われ，翌年からこの概念のもとに制度化されることとなったのである。

4　「特別支援教育」とは何か

　「特別支援教育」とは，障害をもった子ども一人ひとりのニーズを受けとめ，その実現のための支援をする教育である。すなわち，

① 当該の子ども（幼児・児童・生徒）の自立や社会参加に向けた主体的な取り組みを支援するという視点に立つ。

② 子ども一人ひとりの発達課題（ニーズ）を把握し，そのもてる力を高め，生活や学習上の困難を改善または克服するため，適切な指導および必要な

支援を行う。
③ そのために必要なスタッフを配置し，生活の組み立てや学習過程の組み立てを図る。
④ 特に，教員相互の連携を図るとともに，保護者との連携も図りつつ，子どものニーズに応えることのできる教育活動を展開する。
⑤ このとき重要なのは，障害をもった子どもの「特別なニーズ」はいわゆる健常な子どもたちの個性的ニーズと同等に対応するものであり，人間としての基本的要求は変わらない (inclusion) という観点の上に立つことである。

5 インクルーシヴの教育課程の支え
(1) 「特別支援教育」はインクルーシヴの一過程

　インクルーシヴの教育課程は，一方では障害をもった子ども一人ひとりのニーズに対応した適切な教育や支援を行うという観点から編成されていくものである。しかし他方で，障害をもった児童・生徒だけではなく，すべての児童・生徒が，その発達段階に対応した教育や支援を受けられるように編成されていくものでなくてはならないといえる。

　だが，具体的・実践的な水準でこの課題に応えることはけっして容易なことではない。なぜなら，制度的条件から施設・設備，そして人的条件，さらには教育の内容や方法などすべての条件が児童・生徒の発達ニーズに対応して整合的・合理的に編成されなくてはならないからである。それゆえ，インクルーシヴ教育は，在籍する児童・生徒の実態に応じて柔軟かつ原則的な教育課程編成をはかり，研究的・創造的に再編を進めていくという動的課題のなかにある。

　この意味で，「特別支援教育」は，その一過程として重要な役割を担っているといってよい。

　そこで，現在の「特別支援教育」の教育課程について，「特別支援学校」および「特別支援学級」さらには「通常学級における特別支援教育」のポイントについて，以下に概観する。

(2) **学習指導要領における教育課程の基本構造**

特別支援学校の教育課程は，主として次の3カテゴリーから成っている。

①【教科】幼稚園・小学校・中学校・高等学校に準ずる「各教科等」，「および特別の教科道徳・外国語活動・総合的な学習の時間及び特別活動」(科目数は同じではない。知的障害者の教育に関しては別途規定。)

②【領域】障害による種々の困難を改善・克服することを課題とする「自立活動」。

③【弾力的編成】障害の状態に応じた弾力的な課程編成。(教科や領域の合体・融合，「学校設定科目」の設定等。)

なお，知的障害の児童・生徒のための特別支援学校については知的障害の特徴や学習上の特性を踏まえた課程が編成されている。

(3) **障害特性に応じた課題**

発達に困難をもった子どもを教育場面で支えるためには，その障害特性に応じた課題構成が重要である。そのため，小学部における「国語」「算数」などの教科に関する指導内容については「合科的・関連的な指導」が推奨されており，児童の実態等に対応して個別教科枠内にとどまらない工夫が行われている。また1単位時間については，小・中学部ともに「各学校において児童又は生徒の障害の状態や発達段階及び各教科等や学習活動の特質を考慮して適切に定めるものとする」ことになっている。さらに重複障害の児童・生徒については，必要に応じて医師等の他領域専門家の指導や助言を求めて対応していくことが不可欠となっている。

さらに，「障害による学習上または生活上の困難を主体的に改善・克服するために必要な知識，技能，態度及び習慣を養い，もって心身の調和的発達の基盤を培う」ために自立活動の時間が設定されている。その時数は「児童生徒の障害の状態に応じて適切に定める」ことになっている。

また中学部や高等部になると，卒業後を視野に収めた学習や活動が重要な位置をもってくる。道徳の時間や総合的学習の時間，特別活動，自立活動などの機会が活用される。さらに高等部では専門学科において開設されている科目や

資格養成にかかわる科目が障害特性にかかわって生徒の能力開発を支えている。このような学習過程をコース的に特徴づければ,「生活支援コース」「生活自立コース」「職業自立コース」となろう。それぞれの発達段階や障害特性に対応して,すべての児童・生徒が学習活動を通して可能性とつながる喜びを生み出していくことのできるカリキュラム開発,カリキュラム運営が図られている。

(4) 関係のなかに課題を読む

だが,ここで留意しなくてはならないことがある。

第1は,作業能力等の評価にかかわる尺度の問題である。職業自立に向けた能力をもつ生徒こそが能力が高く,またそうでない生徒は能力が低いという見方にとらわれないことである。確かに働く能力は人間的能力のひとつとして重要である。その発達的延伸を図るのも教育の役割である。だが同時に,支援・養護される能力も人間的権利の範疇にあり,また重要な人間的能力のひとつであることも忘れてはならない。WHOの「生活機能分類（ICF）」はこの視点の上に立っているのだといえよう。教師は,この意味で,単に「できる」ということにとらわれない学習権認識の上に立って実践を進める必要がある。

第2は,それにもかかわらず児童・生徒がもっている可能性をリアルに見つめ,「できる」ことを大事にし,またそれを支えにしながら次の学習ステップを指導・支援の過程として展開していくことである。そして,そのためにこそ子どもたち相互の関係づくりを進めていく必要がある。子どもたちのなかには,社会的関係に自らをつなげることが困難な者も少なくないだろう。だが,学習内容や方法につなげて他者との関係を広げていくならば,人間関係だけではなく課題内容に向けても広がりが出てくる。また,なかなか広がりが出てこないときには,そこにその子の広がり難しさの質的事情や構造がみえてくる。それらがみえることによって,新たな課題もあらわれてくる。こうして,子どもの他者認識や自己表現力を高める道が拓かれ,社会的関係のなかに自己を開いていく筋が,当該の児童・生徒,他の児童・生徒,そして教師との関係のなかで共同開拓されていくことになる。

⑸ 「包括」の意味

また，特別支援学校のみならず，幼稚園・小学校・中学校及び高等学校の特別支援学級や通級による指導にあたっては，次のことを了解しておく必要がある。

① 幼稚園・小学校・中学校及び高等学校の特別支援学級や通級による指導は，それぞれの園・学校教育の一部として不可欠の位置をもつものであり，すべての児童・生徒の指導につながるものである。

② そのうえで，園や学校の，特別支援教育課程の編成にあたっては，特別支援学校指導要領に定める事項を取り入れ，子どもや学教の実態に即した教育課程を編成することができる。

③ これらのことは，すべての教職員に十分認識されている必要がある。すなわち，当該の児童・生徒に対する指導および支援は学校全体・全教師の課題として位置づけられるものである。それによって，インクルーシヴな実践過程が通常学級においても開拓されていくことになる。

④ また，通常学級に在籍する障害をもった子に対しては，特別支援学校や特別支援学級の指導方法を参考とし，必要に応じて個別の指導・支援計画を組む必要がある。すなわち，その子らの発達過程を明確にし，そのうえで他の児童・生徒の課題と関連づけて指導する必要がある。

⑤ 以上に加え，交流・共同学習については，双方の子どもたちの教育的ニーズに対応した内容・方法を検討・開発していくことが必要である。

以上，インクルーシヴ教育は，単に理想型として語られるものではなく，具体的実践の試み・蓄積として展開されるものである。また，その根底には「すべての子どもが対等であり，その対等性は個々の児童・生徒に合った教育の保障と，障害の有無にかかわらない共同的関係の成立にある」という考え方や志向性がある。インクルーシヴ教育は，この意味で「ある」教育ではなく「創る」教育である（「完全包括」か「部分包括」かは，この視点のうえに成る議論である）。

【赤羽　潔】

5 学校種間接続問題と教育課程

1 中央教育審議会における審議の経過とその概要について

学校種間接続問題と教育課程について，この間主として論議を行ってきたのは中央教育審議会初等中等教育分科会であった。

2003（平成15）年5月15日遠山敦子文部科学大臣は，「今後の初等中等教育改革の推進方策について」，(1)初等中等教育の教育課程及び指導の充実・改善方策について，(2)義務教育などの学校教育に係る諸制度の在り方について，諮問を行った。

中央教育審議会は学習指導要領改訂にいたるまで継続的に論議をしてきたが，学校種間接続問題として着目すべき報告・答申としては，「初等中等教育における当面の教育課程及び指導の充実・改善方策について（審議会の中間まとめ）」(2003年8月7日)，「義務教育に係る諸制度の在り方について」審議のまとめ(2005年1月)，初等中等教育分科会幼児教育部会「子どもを取り巻く環境の変化を踏まえた今後の幼児教育の在り方について」答申(2005年1月28日)，義務教育特別部会「新しい時代の義務教育を創造する」答申(2005年10月26日)，中央教育審議会初等中等教育分科会教育課程部会「審議の経過報告」(2006年2月13日)，「教育課程部会におけるこれまでの審議のまとめ」(2007年11月7日)，「幼稚園，小学校，中学校，高等学校及び特別支援学校の学習指導要領の改善について」(2008年1月17日)である[22]。

教育課程部会「教育課程部会におけるこれまでの審議のまとめ」は，「発達の段階に応じた学校段階間の円滑な接続」について，幼児教育と小学校教育の接続にかかわって「幼児教育では，規範意識の確立などに向けた集団とのかかわりに関する内容や小学校低学年の各教科等学習や生活の基盤となるような体験の充実」「小学校低学年では，幼児教育の成果を踏まえ，体験を重視しつつ，小学校生活への適応，基本的な生活習慣等の育成，教科等の学習への円滑な移行などが重要」「生活面での指導や家庭との十分な連携・協力」を指摘している。小学校教育と中学校教育の接続にかかわっては，「小学校段階では，……低・

中学年において学習習慣の確立を重視するとともに，高学年において外部人材なども活用した専科教員による教育の充実」「中学校段階においては，……単元に応じて小学校段階の教育内容を中学校教育の視点で再度取り上げて指導するといった工夫や教師の相互交流の一層の促進を通し，学習と生活の両面にわたる小・中学校を見渡した効果的な指導」，そして「9年制義務教育学校の検討」を指摘し，中学校教育と高等学校教育の接続にかかわっては「中学校において義務教育段階で身につけるべき国民としての素養である基礎・基本をしっかりと定着させる」「高等学校においては，必要に応じこの基礎・基本を補いながら，高等学校段階の学習に円滑に移行することを重視」「中学校と高等学校との円滑な接続の観点から，1999（平成11）年度から中高一貫教育制度が開始されている」を指摘している[23]。

学校種間の接続問題に対する1つの考えは，中学校と高等学校との間の接続問題への対応として「中等教育学校」[24]がすでに設置され，小学校と中学校との間の接続問題[25]への対応として「9年制義務教育学校」の検討を提案している。しかし，これは，既存の学校種間の接続問題に対する対応の1つとしては一定の役割を果たすかにみえるが，その結果，新たな接続問題を創出することとなり，基本的には学校教育制度の複雑さを創出するにすぎない。ただ，就学前教育と小学校との間における接続問題での制度上の対応について提案はない。

2　学校種間の壁を構成するもの

現行の学校教育法では，子どもの年齢に対応して幼稚園，小学校，中学校，高等学校等の学校種を明示し，それぞれの学校の目的・目標を示している。その目的・目標を達成するため，幼稚園教育要領，小学校学習指導要領，中学校学習指導要領，高等学校学習指導要領が文部科学大臣によって公示される。「中等教育学校」も，基本的に中学校学習指導要領と高等学校学習指導要領によっている。また，各学校の教員については，その養成と採用さらには人事異動[26]に関して学校種ごとに行われる。

学校教育制度としての幼稚園，小学校，中学校，高等学校等の学校は，その

管理・運営という点で，それぞれ独立した施設として機能している。幼稚園と小学校，小学校と中学校，中学校と高等学校，小学校と中等教育学校との間には，さらには幼稚園と「9年制義務教育学校」との間には，その教育を実現するためのシステムとして差異(27)があり，子どもが学校種間を移動するに際して新たな学校種とその学校文化との出会いが不可避的である。

　学校種間の接続問題に関しては，学校教育制度上の改編による視点よりは，子どもの成長・発達の連続性という視点から，各学校種の教育をどのように編成していくかがより効果的であるといえよう。つまり，子どもが学校種間を移動するに際し，どのようにすれば子どもの状況により適切に対応して成長・発達を支えられるか，どのようにすれば子どもにとって大きな困難をともなうことなく学校種間を移行できるか，である。そのために，教育課程をどう編成するかが重要である。

3　幼・小の接続・連携について

　各学校種における教育課程について，その基本的な考え方での顕著な相違は幼稚園教育と小学校教育との間にある(28)。それは，小学校教育，中学校教育と高等学校教育については学習指導要領として，幼稚園教育については「教育要領」として提示される。また，幼稚園教育要領では，「健康」「人間関係」「環境」「言葉」「表現」の5『領域』にわたり，そのねらいと内容が示されている。小学校学習指導要領では，『教科』として「国語」「社会」「算数」「理科」「生活」「音楽」「図画工作」「家庭」「体育」，『教科外』として「道徳」「外国語活動」「総合的な学習の時間」「特別活動」が，中学校学習指導要領では，『教科』として「国語」「社会」「数学」「理科」「音楽」「美術」「保健体育」「技術・家庭」「外国語」，『教科外』として「道徳」「総合的な学習の時間」「特別活動」が示されている(資料編参照)。

　また，幼児教育では「保育」「養護」「活動」「遊び」概念が使用され，小学校教育では「授業」「教科」「学習」概念が使用される。このように，多様な異なる概念が使用されており，その交通整理を必要としている。

小学校教育は，家庭での教育，幼稚園での教育，保育所での保育を経験してきた子どもたちを受け入れる状況にある。小学校就学前における幼稚園や保育所への就学率・就園率の上昇は顕著であるが，学校教育法による「幼稚園」と児童福祉法による「保育所」の並存状態は，就学前における同一年齢の子どもに対して異なる性格の施設が並存するものであり，その一元化が求められ，制度面では「認定こども園」の創設，内容面では幼稚園教育要領と保育所保育指針の内容的な統一化がはかられてきた。また，依然として，そうした施設を経験しない子どもも存在する。

小学校入学者の，それまでの経過の違いを考慮することが必要であるが，学校種間の接続・連携について，まず幼稚園での例をみてみる。

幼稚園における教育課程編成の一例として，中京女子大学附属幼稚園では，教育活動の構造として次のように分類している。

Ⅰ 基盤となる活動……子どもたちの生活の基礎となる活動
　① 生活指導（生活技術，基本的な生活習慣の獲得）
　② 集団作り（グループ，係活動，当番活動）
　③ 自由遊び（好きな遊びをなかまとつくりだす活動）
Ⅱ 総合活動………………集団的な遊びを創り出し，園生活の中心的な活動や行事に向けて学年やクラス全体，また異年齢で取り組む活動とする。
Ⅲ 課業………………幼児期に必要な身体・認識・情操・表現能力などを意図的，系統的に指導するための課程
　① 音楽・リズム　② 絵画造形　③ 木工作　④ 体育，リズム運動　⑤ ことば，文字，文学　⑥ 数，量，形　⑦ 自然認識（散歩・飼育・栽培）　⑧ 調理活動[29]

この「課業」は，小学校教育への見通しをもつものと考えることができる。

一方，小学校における取組みは，1989（平成元）年学習指導要領改訂に向けての時代にさまざまに行われた。それは，「生活科」[30]の新設と関連して，また，改訂に際し「指導」から「支援・援助」への転換をはかるもとで，幼稚園教育の現実についての理解促進とそれに基づく学校教育の変革であった。さらに，

1998（平成10）年学習指導要領改訂は「総合的な学習の時間」を学校に導入したが，当時，NHKによる「荒れる心にどう向き合うか」が放映され，小学校低学年での「学級崩壊」が話題となった。そこには，「授業が成り立たない」という状況が描き出され，就学前教育のありようを問うという動きを加速させた。子どもたちのかかえる困難さとして，新たにLDやADHDなどが注目されるようになり，また，小学校以前の施設を経験する子どもたちの増加も，小学校教育入門期における子どもたちの成長・発達の現状への新たな対応を促すこととなった。

4 「学校種間の接続・連携」の問題

　学校教育制度上の学校種間の接続・連携については，日本経済の発展を支える「人材養成」という観点から，一方，「一人の人間としての成長・発達」という観点から問題とされる。臨時教育審議会答申による「教育改革」は，前者の観点からのものである。「追いつけ，追い越せ」という経済発展の段階から新たな経済発展の段階に突入した日本経済を支える人材養成という課題に基づく臨時教育審議会答申による「教育改革」は，その骨格部分についてはなんら変更されず，今回の改訂にいたっている。

　その論議の要点は，ますます加速度的に発展する科学技術がその成果を急速に蓄積する状況に対して，いかに効率的にその成果を伝達し，結果としてその最先端を担う人材を養成するかである。しかし，それを担保する学校は，その修学年限について簡単に変更することができない。ここに教育内容・教育課程の編成に着目する要因が成立することになる[31]。

　臨時教育審議会による「教育改革」のもと，この間，高等学校以降の学校種への「飛び級制」の導入，中学校での「選択教科」の拡充，小学校での「課題学習」の導入をはじめ，6年制の「中等教育学校」の創設がなされてきた。それは，高等教育から中等教育へ，さらには初等教育へと波及してきている。そうしたなかでの「学校種間の接続・連携」という課題は，教育内容の重複等を避け，学校種間の移行に際しての子どもに発生するさまざまな摩擦を最小限に

抑え，人材養成の時間的効率化をはかるという側面をもっている。このことは，子どもの「人間」としての成長・発達の筋道とは異質なものを学校教育に持ち込むこととなる。

5 一人の人間の成長・発達を軸として

学校種間の接続・連携問題を検討するに際し，学校教育の目的としての「経済発展を支える人材養成」という観点からではなく，「一人の人間としての成長・発達の保障」という観点から出発する必要がある。

子ども一人ひとりが「社会の主人公」として，また「主権者としての国民」として成長・発達するうえでの，その現状把握とそれに基づく成長・発達課題の設定に基づく教育課程の編成は，現場の教師によって担われることとなる。この課題に対して，教師は学習指導要領が示すものを参考にし，子どもにとって「適切な」教育課程を編成することとなる。また，子どもの成長・発達についての把握は，子どもの現状にとどまるのではなく，その過去と未来についての把握を含むものでなくてはならない。つまり，子どもの成長・発達は連続的なものであり，また，その「学習」は既得の学習成果の上に発展的に展開されなくてはならない。そうした意味で，常に教師は個々の子どもについての教育課程の再編成をはかる必要がある。と同時に，子どもの「学習」の連続性に着目するとしても，子どもの「学習」は自らの「一人の人間としての成長・発達」を実現するためのものでなくてはならない。

【百々　康治】

注
（1）　Benesse 教育研究開発センター「第4回学習指導基本調査」2007年。
（2）　文部科学省，国立教育政策研究所「2007（平成19）年度　全国学力・学習状況調査　小学校　中学校集計結果」2008年1月。
（3）　宇佐美寛『教授方法論批判』明治図書，1978年。
（4）　藤岡信勝『社会認識教育論』日本書籍，1991年，51頁。
（5）　Scott, J.W., *Gender and the politics of history*, Columbia University Press, 1988.（荻野美穂訳『ジェンダーと歴史学』平凡社，1992年，16頁。）
（6）　柴田義松『教育課程―カリキュラム入門』有斐閣，2000年，117-119頁。

（7）堀内かおる『教科と教師のジェンダー文化』ドメス出版，2001年，29-30頁。
（8）家庭科の男女共修をすすめる会編『家庭科，男も女も！こうして拓いた共修への道』ドメス出版，1997年。
（9）井谷惠子「学校体育とジェンダー」飯田貴子・井谷惠子編著『スポーツ・ジェンダー学への招待』明石書店，2004年，175-184頁。
（10）多賀太『男らしさの社会学』世界思想社，2006年，39頁。
（11）井谷，前掲，177頁。
（12）堀内かおる編著『子どもの生活世界へのまなざし』丸善出版社，2003年，35頁。
（13）Martin, J.R., *Reclaiming a conversation: The ideal of the educated woman*, Yale University Press, 1985.（村井実監訳『女性にとって教育とはなんであったか―教育思想家たちの会話―』東洋館出版社，1987年，335頁）
（14）堀内かおる「第12章 家庭科教師という存在―求められる資質と指導力とは―」『家庭科教育を学ぶ人のために』世界思想社，2013年，172-185頁。
（15）松川禮子「Ⅰ 公立小学校での英語教育の意義」大津由紀雄編著『小学校での英語教育は必要か』慶應大学出版会，2004年．21頁。
（16）木村一子「Ⅰ 国際理解教育のカリキュラム」安彦忠彦編『新版 カリキュラム研究入門』勁草書房，1999年，118頁。
（17）中西晃「第2章 国際化に対応する教育のあり方」奥田真丈ほか編『新学校教育全集6 国際化と学校教育』ぎょうせい，1995年，59頁。
（18）松川禮子『明日の小学校英語教育を拓く』アプリコット，2004年，75-76頁によった。
（19）文部科学省『小学校英語活動の手引』開隆堂出版，2001年，3頁。
（20）文部科学省『平成18年度小学校英語活動状況実施調査 集計結果』によった。
（21）小学校英語と中学校英語の接続や連携については，2008年版学習指導要領が施行される以前から重要な点となっている。この点は，木塚雅貴『小・中連携を「英語」ではじめよう！―「小学校英語」必修化へ向けて―』日本標準，2008年に詳しく記されている。
（22）2006（平成18）年12月に改正教育基本法が，2007（平成19）年6月には学校教育法の一部改正が成立している。また，審議会の報告・答申等については，文部科学省のホームページを参照されたい。
（23）教育課程部会「教育課程部会におけるこれまでの審議のまとめ」2007年11月7日，47-49頁。
（24）中学校の教育課程と高等学校の教育課程の重複問題は，「高等学校の1年生の間は，中学校の復習だ」と以前から指摘されてきた。
（25）「9年の普通教育」という観点からは，どの子にとっても，小学校と中学校は，その人格の完成と国民の育成という教育目的実現に向けた共通教育の場として，その一

貫性を保持することが必要である。1960年代以降，高等学校入学をめぐる「受験戦争」の激化にともない，中学校教育は高等学校進学のための受験準備教育という色彩を色濃く帯びることとなり，「9年の普通教育」という課題から大きく方向を転換せざるをえなくなった。

(26) 小学校と中学校との間の人事異動については，頻繁に行われている。
(27) 幼稚園，小学校にあっては「クラス担任制」，中学校，高等学校にあっては「教科担任制」がとられている。
(28) 「就学前教育と小学校教育との連携」(無藤隆)では，学校種での教育課程や指導方法の違い，幼児教育の保育と小学校教育の授業の指導の仕方の違いについて指摘し，「幼児教育の成果をいかにして小学校教育に生かすかという視点」で幼小連携について論及している。教育課程部会第33回配布資料5(無藤隆：「初等教育資料」2006年2月号)
(29) 中京女子大学附属幼稚園「平成19年度 公開保育要綱」2007年11月30日，3頁。
(30) 中野重人『生活科教育の理論と方法』(東洋館出版社，1990年)のなかで詳論している。
(31) 「スプートニック・ショック」を契機とした1950年代後半におけるアメリカでの，主として中等教育における科学技術教育に関するものである。科学技術教育のためのカリキュラム開発の取組みとしては，PSSC (Physical Science Study Committee)，BSCS (Biological Science Curriculum Study)，CBA (Chemical Bond Approach) 等がある。

考えてみよう

〔1節〕総合的な学習の時間，生活科において体験活動が重視されているが，体験活動が「やらせっぱなし」にならないようにするためにはどのようにすればよいか論じてみよう。
〔2節〕ジェンダーと教育課程とのかかわりについて，具体的な例をあげて説明してみよう。
〔3節〕小学校・中学校・高等学校の『学習指導要領』に記載された「外国語」の内容を比較検討し，学校教育における英語教育の教育課程上の特徴を調べてみよう。
〔4節〕「特別支援教育」をインクルーシヴ教育へと発展させていくためには，いかなる視点のうえに立ち，どのようなところに重点をおいて指導していったらよいのだろうか。
〔5節〕子どもの成長・発達とりわけ学習を学校種間で連続的に保障するためには，教育課程をどのように編成したらよいのだろうか。

参考文献

木村涼子・古久保さくら編著『ジェンダーで考える教育の現在』解放出版社，2008年。
木塚雅貴編『小・中連携を「英語」ではじめよう！』日本標準，2008年。

資料編

教育基本法（新旧対照表）

改正後の教育基本法 （平成18年法律第120号）	改正前の教育基本法 （昭和22年法律第25号）
前文 　我々日本国民は，たゆまぬ努力によって築いてきた民主的で文化的な国家を更に発展させるとともに，世界の平和と人類の福祉の向上に貢献することを願うものである。 　我々は，この理想を実現するため，個人の尊厳を重んじ，真理と正義を希求し，公共の精神を尊び，豊かな人間性と創造性を備えた人間の育成を期するとともに，伝統を継承し，新しい文化の創造を目指す教育を推進する。 　ここに，我々は，日本国憲法の精神にのっとり，我が国の未来を切り拓く教育の基本を確立し，その振興を図るため，この法律を制定する。	前文 　われらは，さきに，日本国憲法を確定し，民主的で文化的な国家を建設して，世界の平和と人類の福祉に貢献しようとする決意を示した。この理想の実現は，根本において教育の力にまつべきものである。 　われらは，個人の尊厳を重んじ，真理と平和を希求する人間の育成を期するとともに，普遍的にしてしかも個性ゆたかな文化の創造をめざす教育を普及徹底しなければならない。 　ここに，日本国憲法の精神に則り，教育の目的を明示して，新しい日本の教育の基本を確立するため，この法律を制定する。
第1章　教育の目的及び理念 （教育の目的） 第1条　教育は，人格の完成を目指し，平和で民主的な国家及び社会の形成者として必要な資質を備えた心身ともに健康な国民の育成を期して行われなければならない。	第1条（教育の目的）教育は，人格の完成をめざし，平和的な国家及び社会の形成者として，真理と正義を愛し，個人の価値をたつとび，勤労と責任を重んじ，自主的精神に充ちた心身ともに健康な国民の育成を期して行われなければならない。
（教育の目標） 第2条　教育は，その目的を実現するため，学問の自由を尊重しつつ，次に掲げる目標を達成するよう行われるものとする。 　一　幅広い知識と教養を身に付け，真理を求める態度を養い，豊かな情操と道徳心を培うとともに，健やかな身体を養うこと。 　二　個人の価値を尊重して，その能力を伸ばし，創造性を培い，自主及び自律の精神を養うとともに，職業及び生活との関連を重視し，勤労を重んずる態度を養うこと。 　三　正義と責任，男女の平等，自他の敬愛と協力を重んずるとともに，公共の精神に基づき，主体的に社会の形成に参画し，その発展に寄与する態度を養うこと。 　四　生命を尊び，自然を大切にし，環境の保全に寄与する態度を養うこと。	第2条（教育の方針）教育の目的は，あらゆる機会に，あらゆる場所において実現されなければならない。この目的を達成するためには，学問の自由を尊重し，実際生活に即し，自発的精神を養い，自他の敬愛と協力によって，文化の創造と発展に貢献するように努めなければならない。

五　伝統と文化を尊重し，それらをはぐくんできた我が国と郷土を愛するとともに，他国を尊重し，国際社会の平和と発展に寄与する態度を養うこと。

(生涯学習の理念)
第3条　国民一人一人が，自己の人格を磨き，豊かな人生を送ることができるよう，その生涯にわたって，あらゆる機会に，あらゆる場所において学習することができ，その成果を適切に生かすことのできる社会の実現が図られなければならない。

(新設)

(教育の機会均等)
第4条　すべて国民は，ひとしく，その能力に応じた教育を受ける機会を与えられなければならず，人種，信条，性別，社会的身分，経済的地位又は門地によって，教育上差別されない。

第3条(教育の機会均等)すべて国民は，ひとしく，その能力に応ずる教育を受ける機会を与えられなければならないものであつて，人種，信条，性別，社会的身分，経済的地位又は門地によつて，教育上差別されない

2　国及び地方公共団体は，障害のある者が，その障害の状態に応じ，十分な教育を受けられるよう，教育上必要な支援を講じなければならない。

(新設)

3　国及び地方公共団体は，能力があるにもかかわらず，経済的理由によって修学が困難な者に対して，奨学の措置を講じなければならない。

2　国及び地方公共団体は，能力があるにもかかわらず，経済的理由によつて修学困難な者に対して，奨学の方法を講じなければならない。

第2章　教育の実施に関する基本

(義務教育)
第5条　国民は，その保護する子に，別に法律で定めるところにより，普通教育を受けさせる義務を負う。

第4条(義務教育)国民は，その保護する子女に，9年の普通教育を受けさせる義務を負う。

2　義務教育として行われる普通教育は，各個人の有する能力を伸ばしつつ社会において自立的に生きる基礎を培い，また，国家及び社会の形成者として必要とされる基本的な資質を養うことを目的として行われるものとする。

(新設)

3　国及び地方公共団体は，義務教育の機会を保障し，その水準を確保するため，適切な役割分担及び相互の協力の下，その実施に責任を負う。

(新設)

4　国又は地方公共団体の設置する学校における義務教育については，授業料を徴収しない。

2　国又は地方公共団体の設置する学校における義務教育については，授業料は，これを徴

（削除）	収しない。
	第5条（男女共学）男女は，互に敬重し，協力し合わなければならないものであつて，教育上男女の共学は，認められなければならない。
（学校教育） 第6条　法律に定める学校は，公の性質を有するものであって，国，地方公共団体及び法律に定める法人のみが，これを設置することができる。	第6条（学校教育）法律に定める学校は，公の性質をもつものであつて，国又は地方公共団体の外，法律に定める法人のみが，これを設置することができる。
2　前項の学校においては，教育の目標が達成されるよう，教育を受ける者の心身の発達に応じて，体系的な教育が組織的に行われなければならない。この場合において教育を受ける者が，学校生活を営む上で必要な規律を重んずるとともに，自ら進んで学習に取り組む意欲を高めることを重視して行われなければならない。	（新設）
「（教員）第9条」として独立	2　法律に定める学校の教員は，全体の奉仕者であつて，自己の使命を自覚し，その職責の遂行に努めなければならない。このためには，教員の身分は，尊重され，その待遇の適正が，期せられなければならない。
（大学） 第7条　大学は，学術の中心として，高い教養と専門的能力を培うとともに，深く真理を探究して新たな知見を創造し，これらの成果を広く社会に提供することにより，社会の発展に寄与するものとする。	（新設）
2　大学については，自主性，自律性その他の大学における教育及び研究の特性が尊重されなければならない。	
（私立学校） 第8条　私立学校の有する公の性質及び学校教育において果たす重要な役割にかんがみ，国及び地方公共団体は，その自主性を尊重しつつ，助成その他の適当な方法によって私立学校教育の振興に努めなければならない。	（新設）
（教員） 第9条　法律に定める学校の教員は，自己の崇高な使命を深く自覚し，絶えず研究と修養に励み，その職責の遂行に努めなければならない。	【再掲】第6条（略） 2　法律に定める学校の教員は，全体の奉仕者であつて，自己の使命を自覚し，その職責の遂行に努めなければならない。このためには，教員の身分は，尊重され，その待遇の適正が，期せられなければならない。
2　前項の教員については，その使命と職責の重要性にかんがみ，その身分は尊重され，待	

遇の適正が期せられるとともに，養成と研修の充実が図られなければならない。	
（家庭教育） 第10条　父母その他の保護者は，子の教育について第一義的責任を有するものであって，生活のために必要な習慣を身に付けさせるとともに，自立心を育成し，心身の調和のとれた発達を図るよう努めるものとする。 2　国及び地方公共団体は，家庭教育の自主性を尊重しつつ，保護者に対する学習の機会及び情報の提供その他の家庭教育を支援するために必要な施策を講ずるよう努めなければならない。	（新設）
（幼児期の教育） 第11条　幼児期の教育は，生涯にわたる人格形成の基礎を培う重要なものであることにかんがみ，国及び地方公共団体は，幼児の健やかな成長に資する良好な環境の整備その他適当な方法によって，その振興に努めなければならない。	（新設）
（社会教育） 第12条　個人の要望や社会の要請にこたえ，社会において行われる教育は，国及び地方公共団体によって奨励されなければならない。 2　国及び地方公共団体は，図書館，博物館，公民館その他の社会教育施設の設置，学校の施設の利用，学習の機会及び情報の提供その他の適当な方法によって社会教育の振興に努めなければならない。	第7条（社会教育）家庭教育及び勤労の場所その他社会において行われる教育は，国及び地方公共団体によつて奨励されなければならない。 2　国及び地方公共団体は，図書館，博物館，公民館等の施設の設置，学校の施設の利用その他適当な方法によつて教育の目的の実現に努めなければならない
（学校，家庭及び地域住民等の相互の連携協力） 第13条　学校，家庭及び地域住民その他の関係者は，教育におけるそれぞれの役割と責任を自覚するとともに，相互の連携及び協力に努めるものとする。	（新設）
（政治教育） 第14条　良識ある公民として必要な政治的教養は，教育上尊重されなければならない。 2　法律に定める学校は，特定の政党を支持し，又はこれに反対するための政治教育その他政治的活動をしてはならない。	第8条（政治教育）良識ある公民たるに必要な政治的教養は，教育上これを尊重しなければならない。 2　法律に定める学校は，特定の政党を支持し，又はこれに反対するための政治教育その他政治的活動をしてはならない。

（宗教教育） 第15条　宗教に関する寛容の態度，宗教に関する一般的な教養及び宗教の社会生活における地位は，教育上尊重されなければならない。 2　国及び地方公共団体が設置する学校は，特定の宗教のための宗教教育その他宗教的活動をしてはならない。	第9条（宗教教育）宗教に関する寛容の態度及び宗教の社会生活における地位は，教育上これを尊重しなければならない。 2　国及び地方公共団体が設置する学校は，特定の宗教のための宗教教育その他宗教的活動をしてはならない。
第3章　教育行政 （教育行政） 第16条　教育は，不当な支配に服することなく，この法律及び他の法律の定めるところにより行われるべきものであり，教育行政は，国と地方公共団体との適切な役割分担及び相互の協力の下，公正かつ適正に行われなければならない。	第10条（教育行政）教育は，不当な支配に服することなく，国民全体に対し直接に責任を負つて行われるべきものである。 2　教育行政は，この自覚のもとに，教育の目的を遂行するに必要な諸条件の整備確立を目標として行われなければならない。
2　国は，全国的な教育の機会均等と教育水準の維持向上を図るため，教育に関する施策を総合的に策定し，実施しなければならない。	（新設）
3　地方公共団体は，その地域における教育の振興を図るため，その実情に応じた教育に関する施策を策定し，実施しなければならない。	（新設）
4　国及び地方公共団体は，教育が円滑かつ継続的に実施されるよう，必要な財政上の措置を講じなければならない。	（新設）
（教育振興基本計画） 第17条　政府は，教育の振興に関する施策の総合的かつ計画的な推進を図るため，教育の振興に関する施策についての基本的な方針及び講ずべき施策その他必要な事項について，基本的な計画を定め，これを国会に報告するとともに，公表しなければならない。 2　地方公共団体は，前項の計画を参酌し，その地域の実情に応じ，当該地方公共団体における教育の振興のための施策に関する基本的な計画を定めるよう努めなければならない。	（新設）
第4章　法令の制定 第18条　この法律に規定する諸条項を実施するため，必要な法令が制定されなければならない。	第11条（補則）この法律に掲げる諸条項を実施するために必要がある場合には，適当な法令が制定されなければならない。

学校教育法（抄）

(1947年3月31日　法律第26号)
2007年大幅改正，2017年最終改正

第1章　総則
［学校の定義］
第1条　この法律で，学校とは，幼稚園，小学校，中学校，義務教育学校，高等学校，中等教育学校，特別支援学校，大学及び高等専門学校とする。

第2章　義務教育
［義務教育の目標］
第21条　義務教育として行われる普通教育は，教育基本法（平成18年法律第120号）第5条第2項に規定する目的を実現するため，次に掲げる目標を達成するよう行われるものとする。
1　学校内外における社会的活動を促進し，自主，自律及び協同の精神，規範意識，公正な判断力並びに公共の精神に基づき主体的に社会の形成に参画し，その発展に寄与する態度を養うこと。
2　学校内外における自然体験活動を促進し，生命及び自然を尊重する精神並びに環境の保全に寄与する態度を養うこと。
3　我が国と郷土の現状と歴史について，正しい理解に導き，伝統と文化を尊重し，それらをはぐくんできた我が国と郷土を愛する態度を養うとともに，進んで外国の文化の理解を通じて，他国を尊重し，国際社会の平和と発展に寄与する態度を養うこと。
4　家族と家庭の役割，生活に必要な衣，食，住，情報，産業その他の事項について基礎的な理解と技能を養うこと。
5　読書に親しませ，生活に必要な国語を正しく理解し，使用する基礎的な能力を養うこと。
6　生活に必要な数量的な関係を正しく理解し，処理する基礎的な能力を養うこと。
7　生活にかかわる自然現象について，観察及び実験を通じて，科学的に理解し，処理する基礎的な能力を養うこと。
8　健康，安全で幸福な生活のために必要な習慣を養うとともに，運動を通じて体力を養い，心身の調和的発達を図ること。
9　生活を明るく豊かにする音楽，美術，文芸その他の芸術について基礎的な理解と技能を養うこと。
10　職業についての基礎的な知識と技能，勤労を重んずる態度及び個性に応じて将来の進路を選択する能力を養うこと。

第3章　幼稚園
［幼稚園の目的］
第22条　幼稚園は，義務教育及びその後の教育の基礎を培うものとして，幼児を保育し，幼児の健やかな成長のために適当な環境を与えて，その心身の発達を助長することを目的とする。
［幼稚園教育の目標］
第23条　幼稚園における教育は，前条に規定する目的を実現するため，次に掲げる目標を達成するよう行われるものとする。
1　健康，安全で幸福な生活のために必要な基本的な習慣を養い，身体諸機能の調和的発達を図ること。
2　集団生活を通じて，喜んでこれに参加する態度を養うとともに家族や身近な人への信頼感を深め，自主，自律及び協同の精神並びに規範意識の芽生えを養うこと。
3　身近な社会生活，生命及び自然に対する興味を養い，それらに対する正しい理解と態度及び思考力の芽生えを養うこと。
4　日常の会話や，絵本，童話等に親しむことを通じて，言葉の使い方を正しく導くとともに，相手の話を理解しようとする態度を養うこと。
5　音楽，身体による表現，造形等に親しむことを通じて，豊かな感性と表現力の芽生えを養うこと。

第4章　小学校
［小学校の目的］
第29条　小学校は，心身の発達に応じて，義務教育として行われる普通教育のうち基礎的なものを施すことを目的とする。
［小学校教育の目標］
第30条　小学校における教育は，前条に規定する目的を実現するために必要な程度において第21条各号に掲げる目標を達成するよう行われるものとする。
②　前項の場合においては，生涯にわたり学習する基盤が培われるよう，基礎的な知識及び技能を習得させるとともに，これらを活用して課題を解決するために必要な思考力，判断力，表現力その他の能力をはぐくみ，主体的に学習に取り組む態度を養うことに，特に意

を用いなければならない。
[体験活動の充実]
第31条　小学校においては，前条第1項の規定による目標の達成に資するよう，教育指導を行うに当たり，児童の体験的な学習活動，特にボランティア活動など社会奉仕体験活動，自然体験活動その他の体験活動の充実に努めるものとする。この場合において，社会教育関係団体その他の関係団体及び関係機関との連携に十分配慮しなければならない。
[教育課程]
第33条　小学校の教育課程に関する事項は，第29条及び第30条の規定に従い，文部科学大臣が定める。

→学校教育法施行規則の関連条項（第50〜52条）
[教育課程の編成]
第50条　小学校の教育課程は，国語，社会，算数，理科，生活，音楽，図画工作，家庭及び体育の各教科（以下本節中「各教科」という。），特別の教科である道徳，外国語活動，総合的な学習の時間並びに特別活動によって編成するものとする。
2　私立の小学校の教育課程を編成する場合は，前項の規定にかかわらず，宗教を加えることができる。この場合においては，宗教をもつて前項の道徳に代えることができる。
[授業時数]
第51条　小学校の各学年における各教科，特別の教科である道徳，外国語活動，総合的な学習及び特別活動のそれぞれの授業時数並びに各学年におけるこれらの総授業時数は，別表第一に定める授業時数を標準とする。
[教育課程の基準]
第52条　小学校の教育課程については，この節に定めるもののほか，教育課程の基準として文部科学大臣が別に公示する小学校学習指導要領によるものとする。

第5章　中学校
[中学校の目的]
第45条　中学校は，小学校における教育の基礎の上に，心身の発達に応じて，義務教育として行われる普通教育を施すことを目的とする。
[中学校教育の目標]
第46条　中学校における教育は，前条に規定する目的を実現するため，第21条各号に掲げる目標を達成するよう行われるものとする。

→学校教育法施行規則の関連条項（第72〜74条）
[教育課程の編成]
第72条　中学校の教育課程は，国語，社会，数学，理科，音楽，美術，保健体育，技術・家庭及び外国語（以下本章及び第7章中「各教科」という。），特別の教科である道徳，総合的な学習の時間並びに特別活動によって編成するものとする。
[授業時数]
第73条　中学校（併設型中学校及び第75条第2項に規定する連携型中学校を除く。）の各学年における各教科，特別の教科である道徳，総合的な学習の時間及び特別活動のそれぞれの授業時数並びに各学年におけるこれらの総授業時数は，別表第二に定める授業時数を標準とする。
[教育課程の基準]
第74条　中学校の教育課程については，この章に定めるもののほか，教育課程の基準として文部科学大臣が別に公示する中学校学習指導要領によるものとする。

第5章の2　義務教育学校
[義務教育学校の目的]
第49条の2　義務教育学校は，心身の発達に応じて，義務教育として行われる普通教育を基礎的なものから一貫して施すことを目的とする。
[義務教育学校教育の目標]
第49条の3　義務教育学校における教育は，前条に規定する目的を実現するため，第21条各号に掲げる目標を達成するよう行われるものとする。
[義務教育学校の修業年限]
第49条の4　義務教育学校の修業年限は，9年とする。
[義務教育学校の課程の区分]
第49条の5　義務教育学校の課程は，これを前期6年の前期課程及び後期3年の後期課程に区分する。
[義務教育学校の各課程の教育の目標]
第49条の6　義務教育学校の前期課程における教育は，第49条の2に規定する目的のうち，心身の発達に応じて，義務教育として行われる普通教育のうち基礎的なものを施すことを実現するために必要な程度において第21条

各号に掲げる目標を達成するよう行われるものとする。
② 義務教育学校の後期課程における教育は，第49条の2に規定する目的のうち，前期課程における教育の基礎の上に，心身の発達に応じて，義務教育として行われる普通教育を施すことを実現するため，第21条各号に掲げる目標を達成するよう行われるものとする。
[義務教育学校の教育課程]
第49条の7　義務教育学校の前期課程及び後期課程の教育課程に関する事項は，第49条の2，第49条の3及び前条の規定並びに次条において読み替えて準用する第30条第2項の規定に従い，文部科学大臣が定める。

第6章　高等学校
[高等学校の目的]
第50条　高等学校は，中学校における教育の基礎の上に，心身の発達及び進路に応じて，高度な普通教育及び専門教育を施すことを目的とする。
[高等学校教育の目標]
第51条　高等学校における教育は，前条に規定する目的を実現するため，次に掲げる目標を達成するよう行われるものとする。
1　義務教育として行われる普通教育の成果を更に発展拡充させて，豊かな人間性，創造性及び健やかな身体を養い，国家及び社会の形成者として必要な資質を養うこと。
2　社会において果たさなければならない使命の自覚に基づき，個性に応じて将来の進路を決定させ，一般的な教養を高め，専門的な知識，技術及び技能を習得させること。
3　個性の確立に努めるとともに，社会について，広く深い理解と健全な批判力を養い，社会の発展に寄与する態度を養うこと。
[学科・教育課程]
第52条　高等学校の学科及び**教育課程**に関する事項は，前二条の規定及び第62条において読み替えて準用する第30条第2項の規定に従い，文部科学大臣が定める。

→学校教育法施行規則の関連条項（第83～84条）
[教育課程の編成]
第83条　高等学校の教育課程は，別表第三に定める各教科に属する科目，総合的な学習の時間及び特別活動によって編成するものとする。
[教育課程の基準]
第84条　高等学校の教育課程については，この章に定めるもののほか，教育課程の基準として文部科学大臣が別に公示する高等学校学習指導要領によるものとする。

第7章　中等教育学校
[中等教育学校の目的]
第63条　中等教育学校は，小学校における教育の基礎の上に，心身の発達及び進路に応じて，義務教育として行われる普通教育並びに高度な普通教育及び専門教育を一貫して施すことを目的とする。
[中等教育学校教育の目標]
第64条　中等教育学校における教育は，前条に規定する目的を実現するため，次に掲げる目標を達成するよう行われるものとする。
1　豊かな人間性，創造性及び健やかな身体を養い，国家及び社会の形成者として必要な資質を養うこと。
2　社会において果たさなければならない使命の自覚に基づき，個性に応じて将来の進路を決定させ，一般的な教養を高め，専門的な知識，技術及び技能を習得させること。
3　個性の確立に努めるとともに，社会について，広く深い理解と健全な批判力を養い，社会の発展に寄与する態度を養うこと。

第8章　特別支援教育
[特別支援学校の目的]
第72条　特別支援学校は，視覚障害者，聴覚障害者，知的障害者，肢体不自由者又は病弱者（身体虚弱者を含む。以下同じ。）に対して，幼稚園，小学校，中学校又は高等学校に準ずる教育を施すとともに，障害による学習上又は生活上の困難を克服し自立を図るために必要な知識技能を授けることを目的とする。

第9章　大学
[大学の目的]
第83条　大学は，学術の中心として，広く知識を授けるとともに，深く専門の学芸を教授研究し，知的，道徳的及び応用的能力を展開させることを目的とする。
② 大学は，その目的を実現するための教育研究を行い，その成果を広く社会に提供することにより，社会の発展に寄与するものとする。

学習指導要領の変遷

小学校	1947年「一般編」/1947-49年, 各教科編(分冊)		1951年「一般編」/1951-57年, 各教科編(分冊)	1958年(1961年度から完全実施。以下同じ)
中学校		1949年一部改訂		1958年(1962年度～)
高等学校	1947・48年の通牒(実施は1948年～)1947-50年, 各教科編(分冊))			1956・58年(同年度～学年進行)/1960年(1963年度～学年進行)
盲学校・聾学校・養護学校			1957・1960年	1962・1963・1964・1965年(1963・64・65・66年度～学年進行)
幼稚園「教育要領」			1956年	1964年(同年度～)
社会状況と課題	戦後民主化。教育基本法・学校教育法(1947)(教科課程改正準備委員会を受けて)		実態調査, 実験学校, 編集委員会による問題点の研究	講和条約と日米安保条約(1951)による独立と国際社会の新しい地位 経験主義, 生活単元学習の問題点。地域による学力差
コンセプト	経験主義, 児童中心主義 生活単元学習, 問題解決学習		(同左)	教科内容の系統性の重視。国民の基礎教養という観点での基礎学力の充実 能力主義 「法的拘束力」を強調
主な特色 (小・中学校を中心に)	あくまで, 試案 教育内容を日常の生活領域で構成する。児童の経験に基づき, その自発性を主眼として多彩な学習活動ができるように	必修教科の時数減, 選択しうる教科の数と時間数の増		各教科の内容に, 義務教育としての一貫性, 小・中と高との一貫性をもたせる。 各教科の目標および内容を精選し, 基礎的な事項の学習を重視。社会科と道徳の時間との関連を調整 [以下, 高]類型(コース)の学年指定。専門科目の内容の精選・充実。必修単位の増加, 絶対必修と学科別必修に
重視, 充実の分野		[中]必修科目と選択科目 [高]大幅な選択履修		道徳教育 基礎学力(とくに[小]国語, 算数の内容) 科学技術教育([小]算数・数学, 理科の内容, [中]数学, 理科の時数増, 技術・家庭の新設) [小高～]地理・歴史の系統性 情操の陶冶, 身体の健康安全の指導 [中]進路, 特性に応ずる教育(進学組か就職組か)
教科等の廃止	(修身, 国史, 地理は1945年に(一時)停止)	[中, 高]自由研究	[小]自由研究 ([中]習字を国語に, 日本史を社会に含める。)	
教科・科目・領域の新設	[小, 中, 高1]社会 [小5, 6]家庭 [中]職業(農業, 商業, 水産, 工業, 家庭から選択) [小4-6, 中, 高]自由研究	[中, 高]特別教育活動 [中]その他の教科 [高]その他に必要な教科 [中]家庭(職業から独立)	[小]教科以外の活動 [小4～6]毛筆学習 [高]保健体育, 時事問題, 世界史, 一般数学	(特設の)道徳, 学校行事等 [中]選択教科 [高]倫理・社会, [高](教科内の細分化), [高]その他特に必要な教科, 科目 (音楽・高校事でも「君が代」。学校行事で「国旗」)
教科・領域の改称, 改組		[小・中]体育→保健体育 [中]国史→日本史	([中]社会を地理的分野, 歴史的分野, 政治・経済・社会的分野に区分)	[小]教科以外の活動→特別教育活動 [中]職業+家庭→職業・家庭 [中]図画工作→美術 [高]職業+家庭→技術・家庭
授業時数の示し方と増減 (学校教育法施行規則を含む。)	指導に弾力性を持たせるため, 各教科とも年間の総時数で一単位時間は特に固定せず, 学年の進み方等に応じて変化のある学習も [高]大単位制	教育計画を学校ごとに定められるよう, 各教科ごとの最低授業時数と最高授業時数で	[小]各教科を4つの経験領域に分類し, 総授業時数に対する%で 教科と教科以外の総授業時数の基準を2学年ごとにまとめて	学校教育法施行規則(1958年一部改正)で, これまでの時数を最低授業時数として明示。教育課程の最低基準を示し, 義務教育の水準の維持を図る。 [高]学校独自の卒業単位の確定, 単位数を標準単位に
前後における民間の主な主張・実践	「生活と教育の結合」, 経験主義 生活教育, 進歩主義 地域教育計画, 地域社会学校(コミュニティースクール) 生活力, 問題解決力	コア・カリキュラム。その批判 国民教育論 問題解決学習論と系統学習論(1953頃～) 「三層四領域」(1950年代前半), 「日本社会の基本問題」(1954年前後)。 「社会科問題協議会」		「学力低下」, 国民的共通教養論 ミニマム・エッセンシャルズ論ほか) 「生きて働く」学力 「科学と教育の結合」, 系統学習論。(民間版の)教育内容の「現代化」(1959～) 勤評闘争, 学テ反対闘争

小学校	1968年(1971年度〜)	1977年(1980年度〜)	1989年(1992年度〜)
中学校	1969年(1972年度〜)	1977年(1981年度〜)	1989年(1993年度〜)
高等学校	1970年(1973年〜学年進行)	1978年(1982年度〜学年進行)	1989年(1994年度〜学年進行)
盲学校・聾学校・養護学校	1970・1972年(1971・73年度〜学年進行)	1979年(1980年度〜学年進行)	1989年(1990・92・94年度〜学年進行)
幼稚園「教育要領」			1989年(1990年度〜)
社会状況と課題	高度経済成長を背景とした日本国民の生活の向上、文化の発展、社会情勢の進展。日本の国際的地位の向上。科学技術の発達や経済、社会、文化等の進展。[高]生徒の能力・適性・進路等の多様化	高校進学率が90%を超える。全国教育研究所連盟の調査報告書(1971)で落ちこぼれの実態が明らかに中教審の四六答申ほかも受けて	情報化、国際化、価値観の多様化、核家族化、高齢化などの社会状況の変化と、それにともなう児童生徒の生活や意識の変容臨時教育審議会(1984〜87)の報告も受けて
コンセプト	「調和と統一」教育内容の「現代化」。基本的な概念や方法を基にした教育課程の構造化	「ゆとり」と「充実」基準の大綱化、弾力化。真の意味の知育、知・徳・体の調和のとれた発達[高]特色ある学校づくり、生徒の個性や能力に応じた教育	教育課程編成の弾力化のいっそうの推進生涯学習の基盤を培う、21世紀を目指し社会の変化に主体的に対応できる心豊かな人間の育成
主な特色(小・中学校を中心に)	児童生徒の発達段階や個性、能力に即し、学校の実情に適合するような改善。基礎的な能力の伸張、国民形成の基盤を養う。新しい人間形成の上から調和と統一のある教育課程の編成ができるように。教育内容の基本的事項への精選、集約[高]必修科目数やその単位数の削減。教育課程の類型の設置や科目の履修学年の指定の緩和等	各教科の基礎的・基本的事項を確実に身につけられるように教育内容の精選と創造的な能力の育成各教科等の目標・内容を中核的事項にとどめ、教師の自発的な創意工夫を加えた学習指導が充分展開できるように。各学校間の指導内容の再配分や精選。重複を避け、集約化各教科の指導内容の領域区分の整理統合[高]低学年では基礎的・基本的内容の共通履修、中・高学年では多様な内容の選択履修	小・中・高校における各教科の内容の精選と一貫性の確保。1豊かな心をもち、たくましく生きる人間の育成、2自ら学ぶ意欲と社会の変化に対応できる能力(自己教育力)の育成や創造力の基礎を養う、3基礎・基本と個性を生かす教育の充実、4我が国の文化・伝統を尊重する態度を育成し、世界の文化や歴史の理解を深め、国際社会に生きる日本人としての資質を養う。(2001年の指導要録改訂より)「新しい学力観」(「関心・意欲・態度」の重視、指導→「支援」)
重視、充実の分野	[小]算数の集合論。理科の見方、考え方。漢字。人物学習[中]数学、英語等、学力差が現れる教科を中心に、生徒の能力・適性等に応じた指導	道徳教育、体育を一層重視し、知・徳・体の調和のとれた人間性豊かな児童生徒にゆとりあるしかも充実した学校生活国民として必要とされる基礎的・基本的事項[高]勤労体験学習[高]習熟の程度による弾力的な学級の編制	道徳の内容の重点化と指導の充実、自然とのふれあいや奉仕等の体験国民として必要とされる基礎的・基本的な内容、個性を生かす教育、個に応じた指導、特に[中]選択教科。[中]習熟の程度に応じた別々の学習集団編制の工夫各教科等の思考力・判断力・表現力等、論理的思考、想像力、直観力の育成、情報を適切に活用する能力の育成と情報手段の活用、体験的な学習や問題解決的な学習歴史学習の改善。[中]古典学習[中]外国語によるコミュニケーション能力国旗・国歌の掲揚、斉唱[高]人間としての在り方、生き方の教育
教科等の廃止			[小低]理科、社会[高]社会
教科・科目・領域の新設	[高]数学一般、基礎理科、初級英語、英語会話ほか。科目構成の改編[小]社会で神話、算数で集合、関数、確率。各教科以外の教育活動[中]その他特に必要な教科。[中・高](クラブ活動の必修化)	「ゆとり」の時間[中3]選択教科[高]国語I、現代社会、数学I、理科I、その他特に必要な教科	[小1・2]生活[中2・3]選択履修の幅の拡大(全教科に)[高]家庭科の男女必修、世界史の必修化[高](職業高校、後に総合学科でも)課題研究
教科・領域の改称、改編	[小・中]特別教育活動+学校行事等→特別活動[中]社会で、政治・経済・社会的分野→公民的分野	(「君が代」→国歌)	([高]ホームルーム→ホームルーム活動)[高]社会科の地理歴史、公民への再編[中]保体で、格技→武道
授業時数の示し方と増減(学校教育法施行規則を含む。)	学校教育法施行規則で定められていた授業時数を「最低」から「標準」に。地域や学校の実態に即した弾力的な運用が図れるように	[小4以上、中]各教科の標準授業時数の削減(全教科にわたって平均2〜3割減)授業時数の運用に創意工夫を加えられるように。([小低])合科的な指導・1単位時間の設定などにつき)[高]授業時数、卒業に必要な単位数等の引き下げ	各教科の年間授業時数を確保しつつ、適切な計画の下に授業の1単位時間を弾力的に運用できるように
前後における民間の主な主張・実践	「国民の学習権論」1970年代中頃より、「地域に根ざす教育」日教組委嘱の教育制度検討委員会(第一次。第二次は80年前半)「わかることと生きる力の結合」	日教組委嘱の中央教育課程検討委員会(「教育課程改革試案」(1976)、とくに「総合学習」ほか)「生活と科学と教育の結合」等	授業づくり、楽しい授業学校づくり学びと文化、「学びの共同体」

小学校	1998年(2002年度～)	2003年(一部改正)	2008年(2011年度～)
中学校	1998年(2002年度～)	2003年(一部改正)	2008年(2012年度～)
高等学校	1999年(2003年度～学年進行)	2003年(一部改正)	2009年(2013年度～学年進行)
盲学校・聾学校・養護学校	1998・1999年(2000・02・03年度～学年進行)	2003年(一部改正)	2009年(2009－13年度～学年進行)(特別支援学校)
幼稚園「教育要領」	1998年(2000年度～)		2008年(2009年度～)
社会状況と課題	学校完全週五日制(2002年度～) いじめ、不登校、受験競争の過熱化、学校外での社会体験の不足等の教育問題 国際化、情報化、少子・高齢化といった社会環境の変化	学力低下論争(1999年頃～) 文科省アピール「学びのすすめ」(2002) 構造改革 教育改革国民会議(2000－01)	「知識基盤社会」 教育再生会議(2006～)。教育基本法、学校教育法の「改正」(2006、07) OECDのPISA(2000～)とキー・コンピテンシー 全国学力・学習状況調査(2007～)
コンセプト	各学校がゆとりの中で特色ある教育を展開し、子どもたちに「生きる力」をはぐくむこと 基準の大綱化		趣旨はかわらず「生きる力」 知識・技能を活用する力(思考力・判断力・表現力など)
主な特色(小・中学校を中心に)	教育内容の厳選(削除、移行統合、軽減、集約・統合・重点化、選択) 1 豊かな人間性や社会性、国際社会に生きる日本人としての自覚、2 自ら学び、自ら考える力、3 基礎・基本の確実な定着と個性を生かす教育 4 各学校が創意工夫を生かし特色ある教育・学校づくりを	学習指導要領は全ての子どもに対して指導すべき内容の基準(最低基準)	「生きる力」という理念の共有 各教科での基礎的な知識の習得とその知識を活用する学習活動の導入。学習意欲 確かな学力を確立するために必要な授業時数の確保 重点指導事項例、到達目標・評価規準も示される。 「はどめ」規定の見直し
重視、充実の分野	道徳教育、特に特別活動等におけるボランティア活動や自然体験活動 (小)人物・文化遺産中心の歴史 (中、高)選択学習の幅の全教科への拡大、国際化・情報化への対応	学習指導要領の基準性を踏まえた各教科の一層の充実、総合的な学習の一層の充実(知の総合化) 個に応じた指導の一層の充実 課題学習・補充学習・発展的学習	各教科等における言語活動、科学技術の土台となる理数教育、伝統や文化に関する教育、道徳教育、体験活動、環境教育 豊かな心や健やかな体の育成のための指導 各教科で習得と活用、総合的な学習の時間で探究 [高]英語は基本的に英語で
教科等の廃止	([中、高]必修クラブ)		
教科・科目・領域の新設	外国語の必修化 [小3～,中、高]総合的な学習の時間 [高]情報、[高]数学基礎,理科基礎、家庭基礎など [高](職業高校の専門科目として)情報、福祉、[高](総合学科で)産業社会と人間		[小5・6]外国語活動、[高]コミュニケーション英語 ([中]武道の必修化) ([中、高]部活動についても記述) [高]国数英で共通科目
教科・領域の改称、改編			2015年3月「道徳の時間」を「特別の教科 道徳」として新たに位置付ける(2015年度から取組可能、小学校は2018年度、中学校は2019年度から検定教科書を導入して実施)
授業時数の示し方と増減(学校教育法施行規則を含む。)	授業の一単位時間の弾力的な運用		週当たりの授業時数の増加 国語、算数・数学、理科、社会、外国語、体育で前回削減した学習内容の復活と授業時数増。総合的な学習の時数削減 [中]選択科目の時数減と必修科目の時数増
前後における民間の主な主張・実践	総合的な学習をめぐる論争 学力低下論争(1999年に大学生についてより)。「ゆとり教育」批判	民間側の教科課程私案・試案、教育課程試案	

小学校	2017年(2020年度〜)
中学校	2017年(2021年度〜)
高等学校	2018年(2022年度〜学年進行)
特別支援学校	2017年(完全実施は校種に準ずる)
幼稚園「教育要領」	2017年(2017年度〜)
社会状況と課題	『「次世代の学校・地域」創生プラン〜学校・地域の一体改革による地域創生〜』(2016) 一億総活躍社会。人口減少社会において。AIで仕事が減る・変わるとの未来予測 コンピテンシー，汎用性のある能力(ジェネリックスキル) 教員改革や学校の　　組織運営改革などとのリンク(「学び続ける教員」，教育委員会と大学による教員育成指標の策定，「チーム学校」，など)　教職課程コアカリキュラム 教育再生実行会議の諸提言，ほか 新テスト(高校生のための学びの基礎診断，大学入学共通テスト)の新設
コンセプト	「社会に開かれた教育課程」 構造化 「生きる力」を支える「3つの柱」　[何ができるようになるか]新しい時代に必要となる資質・能力の育成と，学習評価の充実，[何を学ぶか]新しい時代に必要となる資質・能力を踏まえた教科・科目等の新設や目標・内容の見直し，[どのように学ぶか]主体的・対話的で深い学び(「アクティブ・ラーニング」)の視点からの学習過程の改善
主な特色 (小・中学校を中心に)	学びを人生や社会に生かそうとする学びに向かう力・人間性の涵養，未知の状況にも対応できる思考力・判断力・表現力等の育成，生きて働く知識・技能の習得 持続可能な社会の創り手となることができるように 学習内容の削減は行わない。
重視，充実の分野	教科等横断的な視点に立った資質・能力の育成，各教科等の特質に応じた物事を捉える視点や考え方(「見方・考え方」)，道徳科を要として学校の教育活動全体を通じて行う道徳教育，幼児教育，幼小接続，学校段階等間の接続
教科等の廃止	[小5・6]外国語活動。[高]現代社会，数学活用，理科課題研究，生活デザインほか
教科・科目・領域の新設	[小3・4]外国語活動，[小5・6]外国語，[高]地理総合，歴史総合，公共。(その他国語，地理歴史，数学，外国語，情報のなかに新設・再構成科目)，理数科(理数探究基礎，理数探究) プログラミング教育
教科・領域の改称，改編	[高]総合的な学習の時間→総合的な探究の時間
授業時数の示し方と増減 (学校教育法施行規則を含む。)	各学校における「カリキュラム・マネジメント」の実現 各教科等や学習活動の特質に応じ効果的な場合には，夏季，冬季，学年末等の休業日の期間に授業日を設定できる。 10分から15分程度の短い時間を教科等の年間授業時数に含めることができる。など
前後における民間の主な主張・実践	シティズンシップ教育・主権者教育，防災安全教育・復興教育・放射線教育・原発教育，ESD(持続可能性教育)。 新自由主義・新保守主義への批判 教員の「働き方改革」，中学部活などの見直し

(作成：金馬国晴)

小学校の授業時数

上段（数字）は 2017 年版，下段は 2008 年版

区分	各教科の授業時数									特別の教科である道徳	特別活動	総合的な学習の時間	外国語活動	外国語	総授業時数
	国語	社会	算数	理科	生活	音楽	図画工作	家庭	体育						
1年	306 (306)		136 (136)		102 (102)	68 (68)	68 (68)		102 (102)	34 (34)	34 (34)				850 (850)
2年	315 (315)		175 (175)		105 (105)	70 (70)	70 (70)		105 (105)	35 (35)	35 (35)				910 (910)
3年	245 (245)	70 (70)	175 (175)	90 (90)		60 (60)	60 (60)		105 (105)	35 (35)	35 (35)	70 (70)	35 (—)		980 (945)
4年	245 (245)	90 (90)	175 (175)	105 (105)		60 (60)	60 (60)		105 (105)	35 (35)	35 (35)	70 (70)	35 (—)		1015 (980)
5年	175 (175)	100 (100)	175 (175)	105 (105)		50 (50)	50 (50)	60 (60)	90 (90)	35 (35)	35 (35)	70 (70)	— (35)	70 (—)	1015 (980)
6年	175 (175)	105 (105)	175 (175)	105 (105)		50 (50)	50 (50)	55 (55)	90 (90)	35 (35)	35 (35)	70 (70)	— (35)	70 (—)	1015 (980)
計	1461 (1461)	365 (365)	1011 (1011)	405 (405)	207 (207)	358 (358)	358 (358)	115 (115)	597 (597)	209 (209)	209 (209)	280 (280)	70 (70)	140 (—)	5785 (5645)

備考1．この表の授業時数の1単位時間は，45分とする。
　　2．各教科の授業について，年間35単位時間を超える部分について，15分程度の短い時間を単位とするなど，柔軟な時間割を編成して実施することができる。

中学校の授業時数

上段（数字）は 2017 年版，下段は 2008 年版

区分	各教科の授業時数									特別の教科である道徳	特別活動	総合的な学習の時間	選択教科等	総授業時数
	国語	社会	数学	理科	音楽	美術	保健体育	技術家庭	外国語					
1年	140 (140)	105 (105)	140 (140)	105 (105)	45 (45)	45 (45)	105 (105)	70 (70)	140 (140)	35 (35)	35 (35)	50 (50)		1015 (1015)
2年	140 (140)	105 (105)	105 (105)	140 (140)	35 (35)	35 (35)	105 (105)	70 (70)	140 (140)	35 (35)	35 (35)	70 (70)		1015 (1015)
3年	105 (105)	140 (140)	140 (140)	140 (140)	35 (35)	35 (35)	105 (105)	35 (35)	140 (140)	35 (35)	35 (35)	70 (70)		1015 (1015)
計	385 (385)	350 (350)	385 (385)	385 (385)	115 (115)	115 (115)	315 (315)	175 (175)	420 (420)	105 (105)	105 (105)	190 (190)		3045 (3045)

備考1．この表の授業時数の1単位時間は，50分とする。
　　2．各教科の授業について，年間35単位時間を超える部分について，15分程度の短い時間を単位とするなど，柔軟な時間割を編成して実施することができる。

高等学校の教科・科目について（各学科に共通する各教科と総合的な学習の時間）

〔2018年版〕

教科	科目	標準単位数	必履修科目
国語	現代の国語	2	○
	言語文化	2	○
	論理国語	4	
	文学国語	4	
	国語表現	4	
	古典探究	4	
地理歴史	地理総合	2	○
	地理探究	3	
	歴史総合	2	○
	日本史探究	3	
	世界史探究	3	
公民	公共	2	○
	倫理	2	
	政治・経済	2	
数学	数学Ⅰ	3	○2単位まで減可
	数学Ⅱ	4	
	数学Ⅲ	3	
	数学A	2	
	数学B	2	
	数学C	2	
理科	科学と人間生活	2	「科学と人間生活」を含む2科目又は基礎を付した科目を3科目
	物理基礎	2	
	物理	4	
	化学基礎	2	
	化学	4	
	生物基礎	2	
	生物	4	
	地学基礎	2	
	地学	4	
保健体育	体育	7〜8	○
	保健	2	○
芸術	音楽Ⅰ	2	○
	音楽Ⅱ	2	
	音楽Ⅲ	2	
	美術Ⅰ	2	
	美術Ⅱ	2	
	美術Ⅲ	2	
	工芸Ⅰ	2	
	工芸Ⅱ	2	
	工芸Ⅲ	2	
	書道Ⅰ	2	
	書道Ⅱ	2	
	書道Ⅲ	2	
外国語	英語コミュニケーションⅠ	3	○2単位まで減可
	英語コミュニケーションⅡ	4	
	英語コミュニケーションⅢ	4	
	論理・表現Ⅰ	2	
	論理・表現Ⅱ	2	
	論理・表現Ⅲ	2	
家庭	家庭基礎	2	○
	家庭総合	4	
情報	情報Ⅰ	2	○
	情報Ⅱ	2	
理数	理数探究基礎	1	
	理数探究	2〜5	
総合的な探究の時間		3〜6	○2単位まで減可

〔2009年版〕

教科	科目	標準単位数	必履修科目
国語	国語総合	4	○2単位まで減可
	国語表現	3	
	現代文A	2	
	現代文B	4	
	古典A	2	
	古典B	4	
地理歴史	世界史A	2	○
	世界史B	4	
	日本史A	2	○
	日本史B	4	
	地理A	2	
	地理B	4	
公民	現代社会	2	「現代社会」又は「倫理」・「政治・経済」
	倫理	2	
	政治・経済	2	
数学	数学Ⅰ	3	○2単位まで減可
	数学Ⅱ	4	
	数学Ⅲ	5	
	数学A	2	
	数学B	2	
	数学活用	2	
理科	科学と人間生活	2	「科学と人間生活」を含む2科目又は基礎を付した科目を3科目
	物理基礎	2	
	物理	4	
	化学基礎	2	
	化学	4	
	生物基礎	2	
	生物	4	
	地学基礎	2	
	地学	4	
	理科課題研究	1	
保健体育	体育	7〜8	○
	保健	2	○
芸術	音楽Ⅰ	2	○
	音楽Ⅱ	2	
	音楽Ⅲ	2	
	美術Ⅰ	2	
	美術Ⅱ	2	
	美術Ⅲ	2	
	工芸Ⅰ	2	
	工芸Ⅱ	2	
	工芸Ⅲ	2	
	書道Ⅰ	2	
	書道Ⅱ	2	
	書道Ⅲ	2	
外国語	コミュニケーション英語基礎	2	
	コミュニケーション英語Ⅰ	3	○2単位まで減可
	コミュニケーション英語Ⅱ	4	
	コミュニケーション英語Ⅲ	4	
	英語表現Ⅰ	2	
	英語表現Ⅱ	4	
	英語会話	2	
家庭	家庭基礎	2	○
	家庭総合	4	
	生活デザイン	4	
情報	社会と情報	2	○
	情報の科学	2	
総合的な学習の時間		3〜6	○2単位まで減可

教科書検定の手続き

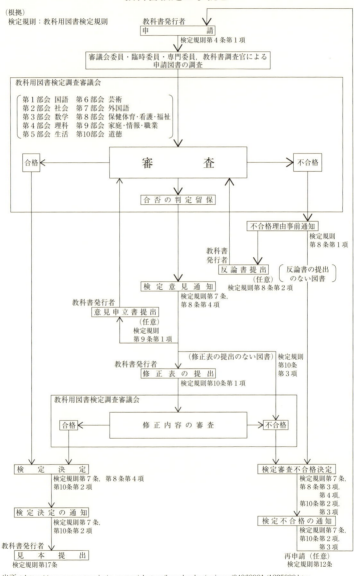

出所：http://www.mext.go.jp/a_menu/shotou/kyoukasho/gaiyou/04060901/1235090.htm
（最終閲覧：2018年2月20日）より作成

義務教育諸学校用教科書の採択の仕組み

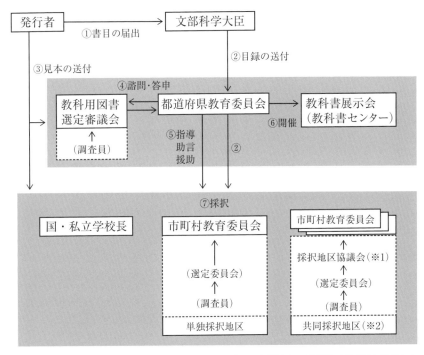

※1　採択地区協議会は法令上設けなければならないもの。括弧書きの組織等は任意的に設けられるもの。
※2　共同採択地区は、2以上の市町村から構成される採択地区である。

出所：http://www.mext.go.jp/a_menu/shotou/kyoukasho/gaiyou/04060901/1235091.htm
　　　（最終閲覧：2018年2月20日）より作成

索引

あ

ILO・ユネスコ「教員の地位に関する勧告」 50
IQB（教育制度の質的開発研究所） 118
アカウンタビリティー・プラン 105
頭（知育）・心（徳育）・手（技術・体育）の調和的発達 76
新しい学力観（新学力観） 95
アチーブメント 16
家永教科書裁判 48
イエナ・プラン 84
インクルージョン（インクルーシヴ教育，包括教育） 162-164,166
インテグレーション（統合教育） 163,164
ヴァージニア・プラン 83
ウィネトカ・プラン 84
ウォシュバーン，C.W. 84
AET（Assistant English Teacher） 156
落ちこぼれをつくらないための初等中等教育法（No Child Left Behind Act） 102-103
女らしさ・男らしさ 151
恩物（遊具） 76

か

外国語活動 157-161
科学教育 85
各教科 34
学習指導要領 32
核心力量（핵심역량, Key Competencies） 137
学年 51
学力 16
学力格差 97
学力低下 96
学期 51
学級編制 51
学校関係者評価 60
学校教育法 39
学校教育法施行規則 41
学校教育目標 59
学校種間接続問題 170
学校評価 61
学校評価ガイドライン 57
学校表簿 52
活用力 97
家庭科教育とジェンダー 150
カリキュラム 21
　——の構成法 27
　——の類型 27
カリキュラム・マネジメント 54
『危機に立つ国家』 102
義務教育 39
休業日 51
教育課程（curriculum） 21
教育課程改革試案 94
教育課程行政 42
教育課程の自主編成 43,91
教育基本法 32
教育スタンダード 103,116
教育の目的 15
教科学習 146
教科カリキュラム 26
教科主義 85
教科書の検定 45
教科書の採択 48
教科書の使用 49
教科内容 25
　——の「現代化」 91
教材・教具 25
教授の形式主義・画一化 77
教養主義 70
キルパトリック，W.H. 82
近代学校 77
訓育（Erziehung） 15
経験カリキュラム 26
経験主義 85
系統学習 85
系統学習論 89
ケルシュンシュタイナー，G. 82
研究開発学校 55
コア・カリキュラム 87
合科（Fächeverbunde） 122
合科教授 83
公示 89
構造改革特別区域（特区） 157

索　引　　**195**

国際理解教育　156
国民共通基本教育課程　135
コメニウス, J.A.　74
コンピテンシー　16

さ

裁量活動　136
三層四領域　87,88
試案　86
ジェンダー　149
シークエンス（sequence, 系列）　27
自己活動　76
仕事（occupation）　81
自己評価　58
自然に還れ　75
七自由科　70
実学主義　71
児童中心主義　85
指導要録　52
社会改造主義　85
自由教育　70
自由研究　34
女子差別撤廃条約　150
庶民学校　73
人格の完成　15
新教育　78
遂行評価　135
杉本判決　50
スコープ（scope, 領域）　27
スタンダード化　62
3 R's（スリー・アールズ）　74,93
生活科　143
生活教育　85
生活単元学習　87
『世界図絵』　74
戦後新教育　87
潜在的（hidden or latent, 隠れた・見えない）
　カリキュラム　23
選択教科　34
選択中心教育課程　138
総合的な学習の時間　143

た

体験学習　147
体験活動　146
第三者評価　61
多面的興味　76
単元（Unit）　26

男女共同参画社会　153
地域教育計画　87
地方教育行政の組織及び運営に関する法律（地
　教行法）　44
中心統合法　77
ツィラー, T.　77
TIMSS 調査　16
デューイ, J.　79
到達目標（Attainment targets）　109
道徳　35
陶治（Bildung）　15
特別活動　36
特別支援学校の教育課程　167
特別支援教育　166
読解リテラシー　17
特区研究開発学校（特区研開）　55
ドルトン・プラン　84

な

内容教科　35
ナショナル・カリキュラム　107
『ナショナル・コア・カリキュラム』　129
ナショナル・テスト　111
2008 年改訂学習指導要領　18
認定こども園　173

は

パーカー, F.W.　83
パーカースト, H.　84
発達障害　165
パフォーマンス・テーブル　111
汎知体系　74
PISA 調査　16,98,125
PDS（Plan-Do-See）　54
PDSI（Plan-Do-See-Improvement）　54
PDCA（Plan-Do-Check-Action）サイクル
　54,66
平等こそが教育の質を高める　125
フレーベル, F.W.A.　76
プロジェクト・メソッド　82
平準化政策　135
ペスタロッチ, J.H.　75
ペーターゼン, P.　84
ヘルバルト, J.F.　76
法的拘束力　89

ま

民間教育研究団体　91

モジュール・システム（module system） 32
モニトリアル・システム 78
問題解決学習 85
モンテッソーリ, M. 76

や

ゆとり 95
用具〔道具〕教科 35
幼・小の接続・連携 172

幼稚園教育 172
幼稚園教育要領 172

ら

ライン, W. 77
リテラシー 16
ルソー, J.J. 75
ルーブリック 59,62
労作学校 82

シリーズ編集代表

三輪　定宣（みわ　さだのぶ）

第9巻編者

山﨑　準二（やまざき　じゅんじ）

　1953年　山梨県甲府市生まれ
　学習院大学文学部教授　博士（教育学）
　静岡大学教授，東京学芸大学教授，東洋大学教授を経て，現在に至る
　著書　『教師のライフコース研究』創風社
　　　　『教師の発達と力量形成』創風社
　編著　『教師という仕事・生き方〔第2版〕』日本標準
　　　　『教育の方法と技術〔第2版〕』（柴田義松と共編著）学文社
　　　　『新・教職入門』（矢野博之と共編著）学文社
　　　　『〔新版〕教育の課程・方法・評価』梓出版社
　　　　『教育原論〈未来の教育を創る教職教養指針1〉』学文社
　訳書　『P. ペーターゼン：イエナ・プラン　学校と授業の変革』明治図書

［教師教育テキストシリーズ9］
教育課程　第二版

2009年4月6日　第一版第一刷発行
2018年4月10日　第二版第一刷発行
2021年1月30日　第二版第二刷発行

編　者　山﨑　準二

発行者　　田中　千津子　　〒153-0064　東京都目黒区下目黒3-6-1
　　　　　　　　　　　　　電話　03（3715）1501 ㈹
発行所　株式会社 学文社　　FAX　03（3715）2012
　　　　　　　　　　　　　http://www.gakubunsha.com

©Junji YAMAZAKI 2018　　　　　　　　　　　印刷　新灯印刷
乱丁・落丁の場合は本社でお取替えします。
定価は売上カード，カバーに表示．

ISBN 978-4-7620-2781-9